ビジマル
まるまるわかる!

伸びる組織のための!

あえて、やらない

成功の法則

ナイスク企業支援事業部
編著

TAC出版

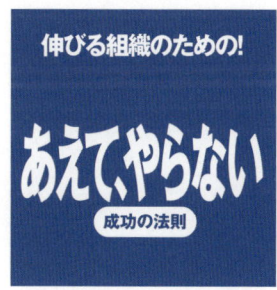

はじめに

整理と廃棄が成功の秘訣

仕事への高い意識や向上心があるビジネスマンならば、目指すべき自分の理想像を持ち、部署や会社に貢献して成功を勝ち取りたいと思うはず。努力やがんばりを続けると、一定レベルまでは成長することができて評価を得ることができる。だから、やり方が間違っていないと思い込んでしまうのだが、評価にともない仕事の量が増え、部下を持つようになると、徐々に仕事が停滞し出して処理しきれなくなる。ますます仕事に割く時間が必要になり、残業がより増え、休日出勤が必要になってくる。そして、どんどん困りごとや問題をかかえることになる。思い当たる人も多いはず。

このような状況になるのは、**生産性を考えたやり方をしていない**からだ。

仕事をする時間を増やすには限界がある。それなのに、管理職になって増えた仕事をやり遂げるためには、生産性を上げるしか方法がないのだ。努力とがんばりだけでは解決することはできない。

仕事の生産性を上げるためには、仕事の困りごとや、問題を具体的に把握することからはじめる。そして、その原因を探ると、多くの困りごとや問題は仕事を片づける順番、優先順位がきちんとつけられていないことがわかる。場当たり的に手をつけているため、混乱したり、途中でやめてしまうことになるので、仕事の成果が上がらないのだ。

しかし、優先順位をつけただけでは仕事の数は減らず、多くの時間を費やさないといけないことに変わりはない。そこで重要なのが**廃棄術、やらずに捨ててしまう**ことだ。

仕事や生活で惰性で行っていたり、慣習だからと何気なく行っている常識行動にはムダが多い。なぜムダなのか、その理由とやらないための方法論、そして、何が生まれてくるのかをわかりやすく、具体的に本書では紹介する。

上司が中心となって、部署を強化し、生産性を上げるためにやらないこと。

仕事場の環境をよりよくするためにやらないこと。

仕事の相手とより強力な関係作りのためにやらないこと。

自分を確立するためにやらないこと。

自分だけではなく、部下の生産性を上げるためにも**やらない**ことをやる。そのために本書を役立てていただきたい。

ナイスク企業支援事業部

目次

PART 2 組織の生産性を上げるためのやらない法則……43

PART 3 仕事をする場を整えるためのやらない法則……71

終章

序章

優先順位＋劣後順位を判断して、仕事の生産性を上げる

1

なぜ仕事が山積みになるのか

目の前の仕事に追われてはいけない

「仕事を段取りよくスマートに片づけて、スキルアップや趣味の時間も持ち、成長していきたい」ということは、誰もが願っていること。しかし、なかなか思い通りにはことが運ばず、仕事に追われる毎日であるのが現実だ。決してがんばっていないわけではなく、むしろ、任された仕事でそれなりの成果を出して信頼されるので、更に任される仕事が増えて山積みになる。ひとつの仕事をしているときも、別の仕事のことが気になって、仕事のスピードや生産性が落ちて行く状況に陥るわけだ。

仕事が山積みになるのは、目の前の仕事をとにかく処理することに追われているためだ。そして、効率よく仕事をするための書類の整理など、一番に解決しなければならない**仕事をする体制作り**がおろそかになるからだ。仕事が山積みになればなるほど、目の前しか見えなくなってしまう悪循環になる。

困りごとチェック一覧

□	簡単なメールの返事も時間がなくてできない
□	人付き合いがうまくいかない
□	氾濫するニュースや事件についていけない
□	机周りの片づけができない
□	消耗品を補充し忘れ仕事に支障をきたす
□	日課の業務が多すぎて処理しきれない
□	自分の仕事以外には目が行き届かない
□	口頭で頼まれた仕事を覚えておけない
□	必要な書類を探すのに時間がかかる
□	締切時間を守れない
□	やった仕事を見直す余裕がない
□	仕事の段取りが組めずいつもバタバタする
□	アイデアや企画が出ない
□	OA・パソコンがうまく使いこなせない
□	危機管理ができない
□	いつも疲れていて元気が出ない
□	具体的な仕事の目標を立てられない

表にあげた「困りごと」とは、仕事の体制作りがうまく行っていない場合に起きる代表的な問題点だ。5つ以上チェックがつく人は要注意。本書で仕事のやり方を見直してみたほうがいい。

そして、まずは目の前に山積みになっている**仕事の優先順位**を決め、その**仕事に集中して取り組む**ことから始めよう。

そうして一つひとつ仕事をきちんとやって行けば、仕事山積みのパニック状態から抜け出す糸口がつかめるはずだ。

2

「優先順位」のつけ方講座

「優先順位」をつけるコツ

仕事に「優先順位」をつけるといっても、何が優先されるのかが明確になっていなければ、有効な順位づけにはならない。有効性を高めるには、優先させるための基準を決める。この基準に自分の目の前にあるさまざまな仕事をあてはめてから、順位づけをするべきだ。

1 「優先順位」の基準を決める

基準を決めるための方法は3つ。

① 「でしか法」
② 「マズローの法則」
③ 「KJマトリックス法」

それぞれを詳しくみていく。

①簡単な自分への問いかけでできる「でしか法」

「人」「物」「場所」「時間」「お金（いくら）」そして、「状況」などで条件を限定してみる「〜でしか（できない）」を基準にして、「優先順位」を決める方法が「でしか法」だ。同時に「〜でも（よい）」を基準に劣後順位も考える。

「ここでしか」

この部屋、この部署、この会社、といった場所が限定されているときに、優先順位を高く設定する。思ったような場所や環境が望めないときこそ、「ここでしか」が大切だ。

「いま（で）しか」

時間を重視して、優先順位を設定する。いまこのときにやらないとなくなったり、間に合わなかったりする緊急性の高い仕事、締切の迫っている仕事を優先する。

「自分でしか」「彼でしか」

自分でしかできない、自分でやらなければならない仕事。顧客からの要求レベルが高く、部下や同僚には任せられない仕事や、自分のレベルアップ、会社の基盤となる新事業など、自分が積極的に取り組むべき課題を優先して設定する。

しかし、「自分でしか」の場合、その仕事の性質を見極めないとマイナスの要因を生み出すことになりかねない。

なぜ他の人に仕事を頼めないのか？

自分がやりたいだけではないのか？

すべてではなくても、分解して、一部分でも人に割り振れないのか？

これらを考えた上で、「自分でしか」を考えないと、単に自分が人の仕事を取り上げているだけで、独り善がりになってしまう。会社、周囲の人、自分のすべてにマイナスのやり方になるので注意が必要だ。

マズローの法則

例		自己記入
将来にむけての自己啓発	自己実現の欲求 自分の可能性の具現化	
部下の努力を評価する	承認の欲求 存在価値を認められたい	
部下に声をかける	所属と愛の欲求 所属して受け入れられたい	
時間に余裕を持って出かける	安全の欲求 個人の経済・健康状態	
朝食をきちんと取る	生理的欲求 人の本能・根源的な欲求	

②モチベーションを重視するなら「マズローの法則」

優先度を計る上で、仕事のモチベーションを高めるために、欲求を5段階に分類して解決する「マズローの法則」を当てはめてみるのもいい。

この法則は低次元の1段階目「生理的欲求」の欲求が満たされると、1つ上の欲求を満たそうとする考え方だ。逆にいうと、低次元の欲求が満たされていないと、上位の欲求への達成意識が薄まることになる。

仕事だけでなく、プライベートを含めた優先順位を考えるときも役立つ。

KJ マトリックス法

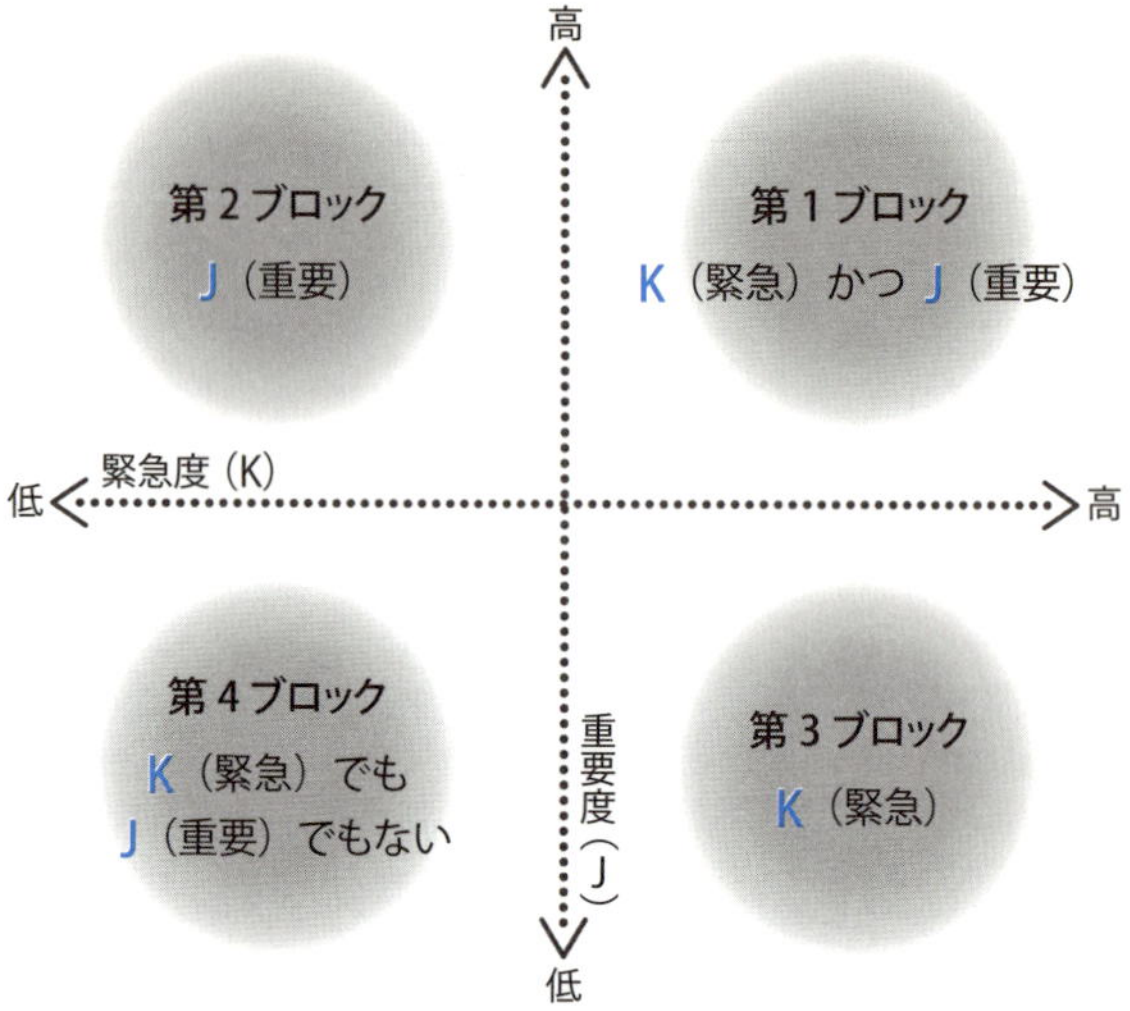

③「KJ マトリックス法」

「K」は「緊急度」のことで、「J」は「重要度」のこと。

緊急度が高いことがらとは、課題の解決やトラブル対応など、解決、対応が遅れると会社、顧客、取引先、社会などに大きな損失を与えてしまう案件だ。商品に対する顧客からの苦情への対応、提出期限直前の企画書や見積りの作成が当てはまる。

重要度が高いことがらとは、高い質の達成が求められ、また、達成することが自分の将来や会社の経営を大きく左右する案件。新規事業の黒字化や次期経営基盤を支える人材育成があてはまる。

この2つをマトリックスの横軸（K）、縦軸

KJマトリックス法（記入例と自己記入）

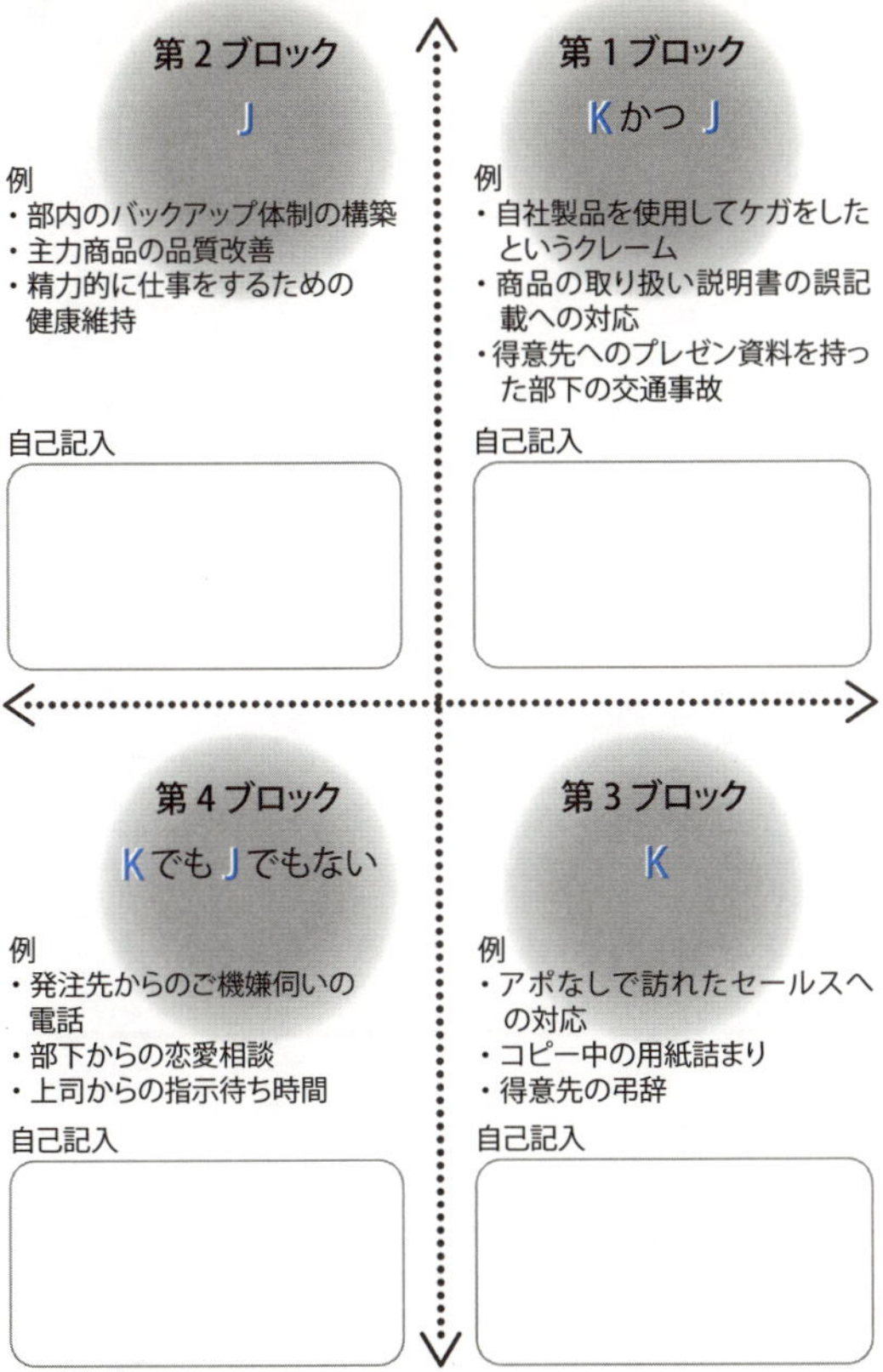
第2ブロック
J
例
・部内のバックアップ体制の構築
・主力商品の品質改善
・精力的に仕事をするための健康維持
自己記入
第1ブロック
KかつJ
例
・自社製品を使用してケガをしたというクレーム
・商品の取り扱い説明書の誤記載への対応
・得意先へのプレゼン資料を持った部下の交通事故
自己記入
第4ブロック
KでもJでもない
例
・発注先からのご機嫌伺いの電話
・部下からの恋愛相談
・上司からの指示待ち時間
自己記入
第3ブロック
K
例
・アポなしで訪れたセールスへの対応
・コピー中の用紙詰まり
・得意先の弔辞
自己記入

（J）において、それぞれの度合いの高低、強弱でもって、4つのブロックに振り分ける。

　分類した「KかつJ」、「J」、「K」、「KでもJでもない」の4ブロックに、現在自分が抱えている解決すべき課題、問題を実際に書き込んで分類してみよう。

3

劣後順位とは何か？

「劣後順位」で不要な仕事をふるいにかける

「劣後順位」とは、**後回しにする順番を決める**こと。重要でも緊急でもない仕事、つまりやらなくていい仕事を見極め、思い切って**「今はやらない」**と決めてしまうことだ。

ここまで「優先順位」のつけ方を説明したが、現実の仕事に優先順位をつけようとすると、仕事と仕事の関連性もあって、見極めが難しい。そこで大事になるのが劣後順位だ。緊急性が低いというのも1つの目安だが、その仕事の結果の如何があまり重要ではなく、ほかの仕事や周りの人に大きな影響を及ぼさないということも目安となるだろう。

優先順位をつけるのと平行して、劣後順位でふるいにかけて行けば、選択肢が絞られ、優先順位もつけやすくなる。

劣後順位のメリットを具体的に紹介しよう。――

「どんな上司になりたいか？」

この質問は優先順位で考えることになり、理想の上司像を思い描くことになる。実際に理想の上司に恵まれていれば、その人を目標にすることもできるだろうが、そうでなければ、「部下を正しい方向に牽引できる人」、「人間的にも尊敬される人」など、抽象的で、どうすればそうなれるのか具体性を欠くイメージになってしまいがちだ。

「どんな上司になりたくないか？」

これが劣後順位の考え方だが、「上司にしたくない人」を考えれば、その条件は簡単に出しやすいのではないだろうか。「部下に対して威圧的な人」、「ネチネチ小言を言う人」「その日の気分で言うことが変わる人」などだろう。

事前に、上司にしたくない人の条件をあげて外しておけば、なりたい上司の具体的イメージが絞りやすくなる。これが「劣後順位」のメリットだ。

優先順位で迷ったら、**劣後順位でふるいにかけ**、絞られた条件でまた優先順位をつけて行けば、自ずと「まず、やるべきこと」が見えてきて、仕事がやりやすくなる。

4 部下が1人でもいるなら

上司は「仕事をする体制作り」を考える

社長、部長、課長、チーフ…、部下が1人でもいれば、その人は上司。上司は自分の仕事をやるというよりも、部下にどううまく仕事をさせるかが、大事な仕事だ。

部下を持つ管理職が、自分の仕事をこなすのに四苦八苦していて手いっぱいな状態になっているなら、組織管理が疎かになってしまい、組織全体の生産性が低下している可能性が高い。上司は優先順位・劣後順位を踏まえて、自分の仕事をスムーズにこなすこと。そうしないと、部下が問題を抱えていても、目が行き届かなくなり、問題解決への着手が遅れてしまう。その結果、組織全体の業務遂行がはかどらなくなって、すべてが遅れてしまうことになる。

そして上司にとって、大きな使命は「**仕事をする体制作り**」。これは自分のことでもあるし、部下に指導することでもある。チームや部署・会社全体の体制を整えることでもある。

単なる1つの仕事の問題解決ではなく、最初に紹介した「困りごと」が起きる根本原因の問題解決をはかるということ、それが仕事をする体制作りだ。

たとえば、必要な書類を探すのに「あれれ」と自分の机や部署のキャビネットを探って、10分も20分もかかっている部下がいるならば、その部下の書類整理のつたなさを叱り改善するよう指導することも必要だろう。だが、それよりも、誰もが共通してできる書類保存のルール、書類管理のルールを決めてやり、書類をきちんと整理する習慣を部下に与えてやるのが、上司の仕事だ。

1つの仕事をどんなに速く進めようと努力しても、仕事の優先順位をきちんと決めて1つの仕事に集中したとしても、それは一時的なことであったり、周りの動きが伴わなかったりで、組織の生産性アップという意味では限界がある。

それよりも、そもそも**仕事がやりやすく、効率よくできる体制作り**をすることが、部下の仕事のサポートにもなり、全体的な生産性向上を長期間続けて行ける効果を生むのだ。

5

惰性、慣習に流されない

いつもとは視点を変えて「やる／やらない」を見る

この章ではおもに「優先順位」と「劣後順位」のつけ方を見てきた。その中でも、特にお勧めなのがマトリックスを使う**「ＫＪマトリックス法」**だ。

「優先順位」の高い「Ｋかつ J」から、後回しにするべき「ＫでもＪでもない」まで４ブロックに仕事を仕分け、順序立てて取り組むことで生産性を上げることができる。今ある仕事をマトリックスで仕分け、**見える化**して、仕事の自己管理を可能にする整理術なのだ。

しかし、「優先順位」と「劣後順位」をつけて取り組むやり方は、あくまでも基本的なやり方であって、現在、目の前に見えているものごとの処理方法である。

個人と組織の生産性を上げるためには、仕事をする体制作りが大切だと紹介したが、それも皮相的な困りごとに対応するだけでは、うまく行かないものだ。

長年のうちに職場にはびこってしまった「悪しき常識」―惰性でやるのが当たり前だと思っていたり、不文律や慣習のように無批判にやるのが当然だと、思われたりしたままでは、職場を生まれ変わらせるようなアイデアはなかなか出てこないだろう。

以降の章では、そのような**惰性、慣習から脱するための「気づき」を促す**ために、特に「やらない」ことで生産性が上がる具体的なアイデアを提案する。部下を1人でも持つ上司の方が職場の体制作りをするときの「気づき」を得るきっかけにしていただきたい。また、もちろん個々人が仕事をする上での視点の転回としても活用してほしい。

日々当たり前のように行っている仕事の体制を見直し、また新たな視点で劣後順位を考えて、やらないことを決める。その分の空いた時間を**「緊急ではないが重要」**な仕事に割り振って、組織の土台作りや自分を成長させることにつなげて行ける。

やらない決意が新しい会社と自分を作り出すことにつながるのだ。

「やらない」を決めて実践するには勇気が必要だが、ただ「やる」だけではすべてがうまく行かないのだから、思い切ってやらない選択もお勧めする。

明日からの取り組みのために

この章のまとめとして「優先順位」と「劣後順位」を現実の仕事をもとにして実践してみよう。

まずは、やるべき仕事を10項目洗い出してみる。

「KJマトリックス法」「でしか法」「マズローの法則」を使って優先順位をつける。

1	
2	
3	
4	
5	
6	
7	
8	
9	
10	

優先順位づけに迷うときには、勇気を持って劣後順位で「やらない」「後回しに」する項目を、書き出してみる。

私は、	をやらない。
私は、	をやらない。
私は、	をやらない。
私は、	をやらない。
私は、	をやらない。
私は、	をやらない。
私は、	をやらない。
私は、	をやらない。
私は、	をやらない。
私は、	をやらない。

PART 1

ムダを切り捨てるためのやらない法則

やらない

1

人と同じは疲れるだけ

他人の残業に付き合わない

仕事の評価は、がんばった時間の長さではなく、目標に対する成果だ。成果に結びつかない他人の残業に付き合うのは、疲れるだけでムダだ。

仕事には制約が付きものだ。人、物、金、時間、場所のいずれにも制約はあるが、制約を一番受けないのが時間だ。

できる人は他人を気にして残業に付き合ったり、外部の人と会うための時間を削ったりはしない。時間を自分の望むように有効活用して、協力者の輪を広げるから、残業もせずにいい結果を出しているのだ。

上司なら、自分の残業に部下を付き合わせていないか、仕事をしている先輩社員を気にする若手社員が帰れずにいないかをチェックして、**ムダな居残りや残業**がない部署にすることを心がけるべきだ。さらにいうなら、上司は遅くまで仕事をしている部下をいとおしく思うのが常。どうしても評価に残業などのがんばりを考慮してしまいがちだ。しかし、これでは仕事に対する正当な評価にはならない。**思い切って自分は残業しない**、部下にもさせないと決めて実行することだ。そうすれば「時間をかけてがんばった」「周りの人と同じようにがんばった」という甘えがなくなり、純粋に仕事の内容と質を高めることに目が向く。そして、ムダな残業時間を有意義なことに振り分けていけるのだ。

　時間をうまく使うコツは、序章で紹介した「ＫＪマトリックス法」で今抱えている仕事の優先順位を決め、スケジュールを立てて取り組むこと。そして、１つの仕事に配分した時間の中では、**ほかのことは一切せずに集中**する。これが自分で時間を自由に、かつ効果的に使うことなのだ。

こんなにお得

自分が決めた時間で仕事ができるので、疲れとストレスがなくなる。

仕事を効率よく進めるようになり、残業をしなくてもよくなる。

やらない

2

タイムラグに甘えない

時計を早めない

遅刻が心配だからと腕時計を5分、10分進めたりするが、これが時間管理を誤らせることになる。遅刻をしない決意があるなら時計は正確に合わせる。

時計の使命は、正確に時を刻むことだ。それをわざわざ狂わせて設定するようでは、時計の恩恵にあずかることはできない。

時計を正確に合わせている人からすると、なぜ時計を早めているのかが理解できない。5分前に行動するため。つまり、5分の余裕を作るため。それ以外の理由はないはずだ。ならば、時計を正確に合わせていても5分前行動はできる。なぜそれができないのか。それは**5分の甘え**があるからだ。

書類の完成までにもう少し時間がかかる。しかし、次の会議の時間が迫っている。自分の時計はすでに会議の時間を示しているが、5分進めているのでもう少し時間に

14時からの会議
会議に間に合った
正確な時間がわかる
あるはずの
時間がない！
大遅刻だ
5分早く設定

余裕がある。書類作成を終わらせてしまおう。結局、会議には少し遅れて出席した。これが時計を進めている人のやり方だ。5分前に行動するためではなく、5分の時間に甘えるために時計を進めているのだ。

時間の管理ができないようではできる人にはなれない。信用を得ることもできない。自分に厳しく、時計を正確に合わせて、時間見積りを立てて仕事をする厳しさを持たないといけない。

時計を5分早めるのではなく、**自分の行動時間に5分の余裕**を加えてスケジュールを立てることが大切だ。

こんなにお得

時間に厳しくなることで、信用される人になれる。

時間に追われず、かえって余裕を持って仕事ができる。

やらない

3

メールはすぐに返さない

メールは非効率を招く

仕事の効率化と簡素化の旗手ともいえるのがメール。しかし、使い方を間違えると、仕事の進行に支障をきたし、ムダに時間を使う悪の道具にもなる。

仕事をする上でメールに頼ることは多い。情報共有のための一斉配信。デスクにいながら締切前の見積り送信。ほかにも、仕事の進捗確認、物忘れ防止のためと、メールは仕事の必須アイテムになっている。つまり、メール使いの達人になることが、仕事の成果を上げることにつながるといっていい。

メールの最大の利点は「一方的」であること。

相手の状況や時間を考える必要もなく、自分の都合だけで送ってしまうことができる。これは送信側の一方的な利点だ。

受信側の一方的な利点は、自分の都合で読む、読まない、いつ読むかを決められることといえるだろう。

送受信者両方に利点があるにもかかわらず、実のところ、送信者としての利点しか活かされていない。受信者の利点を活用せず、メールを仕事の邪魔をする悪の道具にしてしまっているケースがあるのだ。

メールが届くとすぐに開封して読む。しかし、メールの内容は進捗伺いや会議の開催確認。今、知らなければならない内容の情報ではないのに、わざわざ重要な仕事を中断して、「了解」の返信をする。集中力も途切れ、仕事も思うように進まない。

メールは自動受信の表示をオフにして、**仕事の途中で読まない**ようにする。仕事の区切りや時間を決めて、まとめて受信して読み、必要なものには返信する。1時間、2時間を争う連絡ならば、電話をしてもらうようにすればいい。

こんなにお得

メールが仕事をサポートしてくれる心強いアイテムに変身する。

集中して仕事に取組むことができて、時間効率と成果が上がる。

やらない

4

酒の力は恐ろしい

飲み仲間は作らない

社会人になるとお酒の相手はほとんどが同じ会社の仲間や上司。その席では、どうしても仕事や会社への愚痴が出る。そんなお酒は何の足しにもならない。

1回2時間、週3回、1年では300時間。これでも少なく見積ってみた。仲間と愚痴りながら酒を飲む時間である。酒を飲んで愚痴を言って、何か問題が解決したためしなどない。300時間と飲み代をムダにしただけだ。

いつも同じような顔ぶれで酒を飲み、気安さから酔いに任せて愚痴が始まる。「上司はわかってくれない」「評価が低すぎる」「給料が安い」と。そして、「そうだ、そうだと」と気勢をあげて、何となく解決した気に、連帯感を強めた気になる。翌朝、気分がすっきりして仕事への前向きな気持ちになっているのなら悪いことではないが、そうではなく、二日酔いとともに恨み辛みを引きずっていないだろうか。

今すぐ**愚痴だけの飲み仲間とは手を切り**、飲みたければひとり酒にする。ひとりで飲めば煽る仲間がいないので、仕事への不満があっても冷静に物事を考え、自分を見失うことはない。不満を課題と思えば酒を飲みながらじっくりと考えることができて、答えの糸口が見つかるものだ。

もっといい飲み方は、**相手を選んで飲むこと**だ。違う部署にいて、評価が高い先輩社員に「時間を下さい」とお願いして、自分の不平不満、ではなく課題をぶつけてみる。管理職なら、馴染みの店の年配の常連客に「時々お見かけしています」と声をかけ、違う会社や業界でのマネジメントの話を聞いてみる。きっと自分とは違う視点が見つかるはずだ。

こんなにお得

- ひとり酒で自分を振り返ってみる貴重な時間が作れる。
- いろいろな地位、業界の人と話すことで見識が広がる。

やらない

5

夜の宴席には出ない

夜の達人は信用しない

夜の時間の使い方を間違えると、仕事に悪い影響を及ぼすことになる。夜は自分のためにあるものと心得て、活力を養うひとときにする。

夜の宴席が好きな人に、できる人はいない。夜の宴席に出て疲れを溜めるよりも、自分のための時間にすることがビジネスマンには必要な心がけだ。

夜の宴席の目的は接待だ。接待をする場合もされる場合もあるが、どちらもビジネスマンには何のメリットもない。まともな交渉にもならないし、問題解決の具体策が出ることも少ないからだ。単なる悪しき風習である。「あいつは宴会嫌いだから」と言われるようになれば立派なもの。要するに、夜は自分のための時間であることをはっきりと伝え、宴席には出席しないと断わる。

しかし、どうしても相手を接待しなければならないこともあるだろう。

そのときは、ご一緒する相手として、自分と同じキャリアや世代の人を相手先から誘って、**1対1の付き合いで飲む**。そして、最初に仕事の課題を解決したり、お礼をすませたりしたら、親交を深める時間を長くとる。

夜の宴席よりも、日中にランチやお茶をとりながら、お互いの検討事項をブレインストーミングする提案もいいだろう。必要に応じて具体案のやり取りも可能で、集中してお互いのことを考えることができるからだ。夜の宴席に比べて、短時間で効果的な内容になる。とやかくいう人もいるだろうが、気にしないこと。仕事で結果を出せばいい。

夜の時間を自分のために使って、仕事にもプライベートにも役立てれば、仕事の成果も上がるので、文句を言われることもない。

こんなにお得

- 生活のペースを乱すことなく、心身ともに良好な状態で仕事ができる。
- うまい話にのってしまい、あとで嫌な思いをすることがない。

やらない
6

ゼロから立ち上げない
斬新な企画をひねり出そうとしない

物事をゼロから作りだそうとすると、大きな労力が必要で、難しさが増す。新しいことを生み出すコツを覚えると、労力を半減させられる。

「斬新な企画」。ビジネスマンが最も頭を悩ませるものだ。

きわだって新しい企画にしようと、まったく新しい視点で考え、情報収集に時間をかけ、ゼロから作り上げようとするから難しく、大きな労力が必要になるのだ。

科学の新発見も、新しいものを探して見つけ出しているのではなく、今あることを踏み台に、工夫と追求の結果発見されている。つまり、完全なオリジナルにこだわらず、すでにあるものに工夫をすることが新しい発見につながるのだ。

その工夫の仕方には4つある。**「省略」「結合」「発展」「変形」**だ。

1「省略」は、シンプルにすること。たとえば、モバイル機能だけのパソコン。

2「結合」は、異なる2つをつないで1つにする。たとえば、2色ボールペン。

3「発展」は、既存のものを発展させる。たとえば、ラーメンからつけ麺に。

4「変形」は、既存の形を変える。たとえば、5本指の靴下。

「斬新な企画」というとどうしても「オリジナル」という考え方が頭から離れず、「オリジナル脳」に頼りがちになるが、この脳はえてして小さいもの。大きいのは「アレンジ脳」だ。アレンジすればどんどん元の企画を変化させて、別のものに作り変えることができる。

パソコン文書でたとえれば、ファイルの新規作成ではなく、既存ファイルにひと味加えて、上書き保存するのと同じ。**「アレンジ脳」**は**「上書き力」**だ。

アレンジ脳を使って工夫することが、企画を量産するコツだ。

こんなにお得

机に座って「企画、企画」と唸らなくてすむようになる。

すばやく、多く企画を立てるコツが身について、どんどん提案できる。

やらない

7

暇な時間を潰さない

期限が先の仕事を暇なときにやらない

仕事の切れ間などでポッカリと暇になったりするが、こんなときに締切に余裕のある仕事はしない。余計な時間を使うだけで、よりよい成果は出ない。

相手の都合で、予定していたミーティングが急にキャンセルされ、思いがけず暇な時間ができてしまうことがある。こんなとき、できる人は、締切までまだ時間の余裕がある仕事を前倒しして片づけてしまう…ということはしない。時間をムダにかけ過ぎることになるからだ。

締め切りのある仕事は、逆算してスケジュールを立てて、集中的に進める。要するに、**遠くを見て仕事をする**のだ。まず、締め切りに合わせて**完成型をイメージする**。そして、1日ごとに達成レベルを設定して必ずクリアして行く。そうすれば、不要な労力を使うことなく仕事を完成させることができる。

暇を見つけてはスケジュールを前倒しして仕事をしても、時間に余裕ができると何度も見直したり、思いつきに振り回されたりして、修正を繰り返すことになる。暇つぶし的に散漫な仕事をしているだけだ。これでは優れた内容の仕事にはならず、暇な時間を使った分だけ時間が余計にかかり、時間をムダにしただけのこと。

暇なときは大きな仕事を前倒ししてやるよりも、なかなか会えない人と話をしたり、情報収集、デスクや名刺の整理など、ちょっとした時間でできるのに日ごろおろそかになっていることをやるべきだ。

絶対に、締切まで時間のある仕事を早く片づけてしまおうなどとは思わないことだ。せっかくの暇な時間が死んでしまう。

暇な時間の有効活用で体調を整えて、これからの仕事に備える。

逆算スケジュールでムダなく成果の上がる仕事ができる。

PART 1

ムダを切り捨てるための、やらない法則

まとめ

時間は自分でコントロール

忙しいのがビジネスマン。そんな勘違いをしていないだろうか。仕事に追われ忙しいのはできないビジネスマンの姿。できるビジネスマンは自分の時間を持ち、有意義な人生を送っている。今からでも遅くない。時間に余裕を持ち、自分の人生を取り戻すべきだ。

その第一歩がムダをやめて**自分の時間を作る**こと。何気なく、当たり前、と思いやっていることを検証して書き出してみる。いくつも出てくるはず。そして、未練がましく選別したりせず、出てきたものは**ぜんぶやらない**と決めて実行する。

これで自分の時間ができる。この時間で自分の好きなことをやる。趣味でもいいし、仕事のプラスになる自己啓発でもいい。自分の時間を作り、有効に使ってこそムダを捨てた意味がある。

PART 2

組織の生産性を上げるためのやらない法則

やらない

8

ほめ殺しに要注意

ガンバル部下を立てない

遅くまで残業したり、休日出勤をしている部下がいるのは、上司が仕事の体制構築をしていない証拠。いずれ部下はつぶれてしまう。

部下の残業や休日出勤は、上司のマネジメントが機能していないから起こる。上司の力不足を部下がフォローする。その結果が残業と休日出勤だ。

上司の役目は仕事を進めるための仕組みを作り、取り組みやすい環境整備をして、**部下の能力を最大限に引き出すこと**。つまり、5人の部下で7～8人分の成果が得られる体制を作ることだ。そして、仕事の進捗を管理して、遅れや不備があれば早い段階でテコ入れをして、スケジュール通りに進行させ、よりよい成果を生み出さないといけない。

そのためにはやってはいけないことがある。

ありがちなのは、特定のできる部下に仕事を集中させて頼りにすること。「彼ならやってくれる」「彼に任せれば大丈夫」の期待はいずれ裏切られることになる。彼が病気で仕事を休んでしまうと、誰もその仕事のことがわからず、代わることができずに停滞してしまう。取引先に損害を与えかねない状況だ。また、仕事を1人で抱え込んでいると、ミスやトラブルの発覚も遅れてしまい、取り返しのつかない結果を招く。だから、**必ずチームを組ませ、手分けして仕事に取り組む体制を作る**。そして、部署内で情報をオープンにして共有する。いつでも誰かが手助けできるようになっているのが強い組織だ。

ガンバル1人を立ててほめるよりも、多くの部下をほめてあげられる体制作りが、上司の責務だ。

こんなにお得

活力ある部下と部署ができあがり、仕事の成果が向上する。

トラブルやスクランブルにも対応できる強い組織が生まれる。

やらない

9

柱の陰からこっそり見る

部下に報告を義務づけない

部下の仕事を管理するために、定期的に報告書を提出させるのは上司として失格。実務の妨げになり、忙しくさせるだけだ。

部下との売上目標を立てるミーティング。各自に目標を伝え、全員が納得した。「よし、あとは任せたぞ」と、上司がミーティングを締めくくる。

ここからが大事だ。部下にどのように仕事を任せるのか？

週1回の報告書提出と全体ミーティング。一般的なやり方だが、部下に仕事を任せていないし、部署も活性化しない。ありきたりの**管理のための管理**だからだ。

報告の義務づけは、厳しい管理で部署を運用する上司の決意の表れであり、部下にピリピリとした競争意識をもたらす。そして部下は、ほかの人に負けたくないという気持ちが強くなる。この結果、希望的観測の入ったいい報告をし、よくない報告は隠してしまう。これでは正確な情報把握ができなくなる。

また、部下は毎週時間を割いて、上司に叱られないためだけに、生産性のない報告書を作る。実務にあてるべき時間を削らなければならなくなる。これでは報告義務が仕事の害になってしまう。

報告は義務化するのではなく、**コミュニケーションの一環**にすればいい。

まず、上司が部下の仕事の望ましい進捗状況をイメージする。そして、上司から部下に「どれぐらいまで進んでいる？」「困ったことはないか？」と声をかけ、コミュニケーションを図り、**部署の風通しをよくする**。これが部下に話しやすい環境を作り、本音を引き出すきっかけになる。仕事を任せていることにもつながる。

報告を義務づけるのではなく、**部下の相談に乗る**ことが管理のコツだ。

こんなにお得

部下が本当に困っている点が把握でき、早期に問題解決ができる。

風通しがよく、情報の共有化ができる部署になる。

やらない

10

裏には問題が潜んでいる
「部下の部下」の仕事の相談にはのらない

自由闊達な意見交換や提案を促進するため、部署や上下の壁をなくした開かれた会社にする。すると、「部下の部下」が相談に来るが要注意だ。

部長のもとに、課長の部下である社員A君が、企画の提案にやって来た。

A「部長、上得意のB社向けの新企画を考えたので見ていただけますでしょうか?」

部長「そうか、がんばっているじゃないか。まあ、ここに座りなさい」

A「この企画が実現できれば、B社からの売上が大きく伸びます」

部長「わかった。では質問するが、なぜ課長にではなく私に提案するのか?」

A「それは…、課長はあまり乗り気ではなかったので…」

部長「私はこの企画書を読まない。**自信があるなら課長を説得**して、課長と一緒に

・頭越しに話を決められた中間管理職が腐ってしまう
・「部下の部下」も自分の直属の上司の存在を軽視する

持って来なさい」

部長は課長を呼んで、この件を話した。

課長が言うには、確かにB社の売上は向上するが、A君が担当していない得意先のC社と一部分競合してしまう企画だ。C社との取引がやっと軌道に乗ったので、今は刺激するべきではないとの判断からこの企画は見送ったという。

部長は課長に、見送った理由をA君が納得できるよう時間をかけて説明することと、A君のやる気をそがないよう申し渡した。

直属の上司を飛び越して「部下の部下」に仕事の指示をすることは、**部下のやる気をなくさせ**、**部下の部下を甘やかす**ことになり、部署内の人間関係が壊れる原因になる。

こんなにお得

情報不足による誤った判断を防止できる。

部署内の信頼感が維持できて、部下の成長を促進できる。

最重要
要注意
これで完璧

やらない

11

衆愚《しゅうぐ》決定を回避

多数決で決めない

意見が分かれて1つに絞りきれなくなったとき、公平を期するために多数決で決めるが、これは間違いだ。多数決は必ずしも正しくない。

多数決は正しい方向を決める採決手段ではなく、単に1つの意見に賛同する人の数を確認するだけのこと。

多数決には次の3つの問題点がある。

1 上司が持つ決定権という権限の放棄

権限とは役職に付随しているものであり、最も重要な権限が決定権である。つまり、**役職者の責任は物事を判断して決定すること**だ。採決を多数決に委ねることとは役職の責任を放棄して、部員に責任転嫁することになる。

2 決定が合意事項にならない

多数決は一方の意見を切り捨ててしまう採決方法だ。切り捨てられたほうの意見に賛同した人は当然納得できない。だから、多数決で採決された案件は部署の合意事項にはならず、部署の力を結集することはできない。

3 少数意見が活かされない

折衷案を選択できない多数決では、少数意見の優れた部分がまったく活かされない。その上、レベルの低い部員が多いと安易な選択肢に流されやすい。

これが多数決の最も大きな落とし穴である「**衆愚決定**」だ。

上司は多数、少数どちらの意見も聞き、内容を判断して決定権を行使するべきである。そして、判断の過程、考え方をはっきりと明示して部下全員に納得させ、合意事項として一丸となって取り組めるようにする必要がある。

こんなにお得

衆愚決定を防いで、合意事項として同じ方向に部署を導くことができる。

少数であっても、納得のいく説明が可能な意見を採用できる。

やらない

12

定例会議に出席しない

会議は仕事の邪魔

定例会議の目的は情報の共有化にある。つまり、情報が共有できていれば、定例会議を開いたり、出席する必要はない。

「定例」とつくだけで、通常の会議よりも重々しい雰囲気になるが、別の類義語を使って表現すると肩の荷がおりる。「恒例会議」だと思えばいい。

定例会議は主催者の都合、あるいは出席者の多くが合わせやすい時間に設定される。月曜の午前中、金曜の夕方、毎月1日などが比較的多いようだ。月曜9時から役員の定例会議。10時から部門の定例会議、その後各部署と、月曜の午前は定例会議だらけの会社もある。まさしく恒例行事だ。

定例会議の主な目的は、縦横（たてよこ）の情報共有と、トップ（会議の主催者）からの訓示。何かを決定する会議というよりは、報告会である。これだけのことに時間を割き、資料を作らなければならないのだから、**定例会議は仕事の邪魔**だ。仕事の邪魔をされてまで出席する必要などないし、ましてや主催などしてはならない。**仕事とは目的を達成するための行動**だ。定例会議に出席することは仕事ではない。だから、定例会議への出席の義務は低いプライオリティに設定して構わない。取引先との折衝があるならば、定例会議を欠席して仕事を優先するべきだ。欠席の事情を問われたとき、「会社のため」といえる明確な仕事をしているのであれば誰も文句は言わない。

情報の共有は、定例会議でなくても必要に応じて、随時一斉メールでも行える。縦横のコミュニケーションも個別相談で十分に行える。

貴重な時間を有効活用するので、仕事が進む。

会議に出席する義務感がなくなり、仕事に集中できる。

やらない

13

即断、即決がやさしさだ

部下の提案に「少し考えさせてほしい」と言わない

上司になると、部下が予期せぬ提案をしてくることがよくある。このときの「ちょっとまった」は信頼関係を傷つける。

部下が突然の企画提案や思いつきを、「少しよろしいですか？」と持ってくることがよくある。「いま忙しいから後にして」などと上司が言うのは論外。「少し考えさせてほしい」も上司失格の発言だ。

部下の「少しよろしいですか？」は気持ちが熱くなっていることの表れ。それなのに、部下の熱い気持ちをはぐらかすような対応は、部下の成長を妨げることになる。

熱さには、上司も熱く応える。熱く真剣に聞いて、対応することだ。

「少し考えさせてほしい」は、常日頃、部下の仕事を気にかけていない証拠。部下がどういう志向性なのか。どのレベルの企画力を持っているのか。取引先との親密度などを理解していないから、即座に対応できないのだ。「少し考えさせて」と言われた部下は提案がよかったのかどうかもわからず、無為に過ごさなくてはならなくなる。せっかく高まっている部下の意欲も冷めてしまうだろう。

決断するだけの情報が足りないなら、部下に調べさせれば済むことだ。それならば部下も喜んで動くだろう。

長い時間をかけた考えでも、瞬間的な考えでも出てくる答えはさほど変わりない。上司が立ち止まっていると部下も立ち止まるクセがつく。ならば、早く動き出したほうがいいに決まっている。早く答えを出すには、**課題に対して仮説を立てる**（立てさせる）こと。そしてすぐに行動を起こさせて調査、検証を行う。すると、次の対応ができるようになる。

こんなにお得

部下から信頼され、頼られる上司になる。

部下の熱意を汲むことで、成長させる足がかりにできる。

最重要
要注意
これで完璧

やらない
14

長短管理で目標達成

計画は月単位で作らない

「月」という単位で物事を見ると、切れ目がはっきりしているのでわかりやすいが、よく考えると長短どちらつかずで、あまり意味がないことがわかる。

「月」という単位は非常に中途半端だ。長くも感じるし、短く思うこともある。それなのに、仕事の単位として用いられるのはなぜか。それは単純にカレンダーで見やすいからだ。実は、**月単位で仕事をする理由などまったくない。**

仕事には「週」と「期」と「年」があれば、それでいい。

目標達成に向けた実行計画は、「期」や「年」の最終目標を見据えてから小分けして、いつまでに、ここまでできていればいいというやり方をする。その「いつまで」のスケジュール管理の最小単位を「週」ごとに行うのだ。

金曜日の仕事が終わった時点での達成目標を立て、月曜から金曜の1週間で次の週

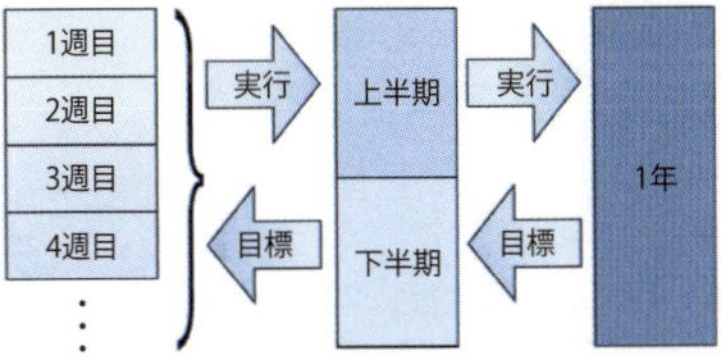

・一年や半期の計画をたててから週ごとの計画へ

の仕事に取り組む。遅れが出たら次週以降のスケジュールを立て直し、早期に解決する。余裕ができたら、前倒しして取り組んでもいいし、他の自己啓発に使ってもいい。この「週」の管理ができれば、半期の「期」の目標が達成できる。

「期」は「年」を見通す。

「期」は「年」の半期、つまりスタートからの中間点のこと。スタート時点で最終的な「年」の目標に対して、半年前での達成レベルを設定する。つまり、あと半年でどれだけ残っているかを見るための単位でもある。

こんなにお得

管理の最小単位を「週」にすることで、進捗管理をしやすくする。

短期間で小さな修正を加えるので、大きなトラブルが防止できる。

やらない

15

午前は儲かる時間

午前中にミーティングをやらない

朝は全員が出社して揃うので、午前中にミーティングをすることが多い。でも、ミーティングで会社は儲かるだろうか？　午前中は稼ぐことに専念する。

毎朝ミーティングをする会社は成長しない。大事な稼ぎ時を放棄しているからだ。朝は仲間の顔を見るよりも、外の人の顔を見るべきだ。

午前中は外出せず、会社にいることが多いのはどこの会社も同じようなもの。伝票処理や資料作成のデスクワークに、部署のミーティングなどをやりがちだ。デスクワークは多少ではあるが業務といえる。しかし、確認や報告が中心の**ミーティングはまったく生産性がない**。仕事とはいえないものだ。これでは午前中がもったいない。

他の会社も同じようなものなら、午前中に仕事をすれば抜きん出ることができる。営業をかけるなら責任者がいる午前中に訪問するのが効果的。自分の会社のミーティ

の著者によ

真央ちゃん、愛ちゃ
躍し、多くの人の興味・
選手はどこからどれぐら
ぐらい儲かっているのか
に一挙にこたえながら、スポー
お金、利益、会計、戦略がわかる、エンタテ
ントなビジネス書・会計本！

松尾 里央 著　四六判/220ページ/予価 ¥1,365（税込）

2009年12月刊行

新企画は宇宙旅行！

あるビジネスマンの夢と挑戦の記録
あなたも“究極の企画”を生み出してみませんか！

旅行会社の雄、JTBの新商品として2005年10月より発売された「宇宙旅行」。理系人間でもなく、天文ファンでもなかった一サラリーマンが、新企画・新事業創出を行う部署へ異動、「宇宙旅行」という企画を提案してから実際に商品として販売するまでを描いたビジネスストーリー。宇宙への憧れを持つ人のみならず、商品企画に携わるビジネスマンにも必読の本です。

古田 靖 著　四六判/240ページ/予価 ¥1,260（税込）

TAC株式会社　出版事業部
〒101-8383 東京都千代田区三崎町3-2-18 西村ビル
TEL.03-5276-9492（平日9:30〜17:30） FAX.03-5276-9674（24時間受付）
http://bookstore.tac-school.co.jp/（サイバーブックストア）
※表示価格は税込価格です。価格は変更になる場合があります。
全国書店でお求めいただけます。
509-0910-1006-12

？」

弾！

会計本"第2

遼くん、マーくんら華やかなスターが活

関心を集めるスポーツ界。あのチームや

い収入があってどれ

？という素朴な疑問

ッビジネスの

イメ

戦闘術

確に伝えるため。服を脱いだ
えるため。敗北・ミスが死に直結
リラ部隊が実行している合理性を
術。その発想と行動はビジネスの世
大きな力になる。
隊のゲリラ養成組織で長く隊員を指導してき
著者が教える、"９９＋１のキーワード"。この「小さな改善」が「大きな効果」を生む仕事術が今明らかになる。

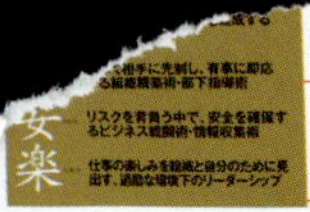

久保 光俊（元・陸上自衛隊３等陸佐）・松尾 喬（企業支援メンター）共著
四六判/224ページ/¥1,260（税込）

即効ビジネス虎の巻

「ビジマル・シリーズ」 最新刊!

気軽に楽しみながらビジネスを学べるエンタメ系ビジネス入門の「ビジマル・シリーズ」にアッパーレベルの最新刊が登場します！

2009年12月刊行

**『できる人になる！
コミュニケーション 成功の法則』**
箱田 忠昭 監修 価格：700円（税込）

**『実例でわかる！
差別化マーケティング 成功の法則』**
金森 努 監修 価格：700円（税込）

TAC出版の「新しいビジネス書」
「キチンと」シリーズ新登場！

仕事の実務としくみが図解でやさしくわかるTAC出版の新シリーズが始まります。中小企業などの研修・教育体制があまり整っていない会社の新人・新配属者でも、一冊読めば担当の仕事ができるように、予備知識ゼロの初心者にもわかりやすく、噛み砕いた説明で手取り足取り【基本から一人前になるまで】のノウハウを教えるシリーズです。

2010年1月刊行

図解 キチンとできる[経理の仕事]実務とその役割

豊島絵・臼田賢太郎：共著　A5判/256ページ/2色刷　予価：1,470円（税込）

図解 キチンとできる[個人事業の青色申告と経理]

深野章：著　A5判/256ページ/2色刷　予価：1,470円（税込）

以下続刊予定

2010年2月以降 順次刊行予定

- 図解 キチンとわかる[貿易のしくみ]
- 図解 キチンとわかる[外国為替と外貨取引のしくみ]
- 図解 キチンとできる[小さい会社の総務・労務・経理]
- 図解 キチンとわかる[コスト感覚と原価計算のしくみ]
- 図解 キチンとわかる[個人事業／会社設立のメリット・デメリット]
- 図解 キチンとわかる[就業規則の基礎知識と作り方]
- 図解 キチンとわかる[営業の仕事と営業戦略]
- 図解 キチンとわかる[事業計画の立て方]
- 図解 キチンとわかる[会社の数字]
- 図解 キチンとわかる[会社のしくみ]

※書名は仮称につき変更となる場合がございます。

TAC出版 2009年冬からの

見逃せない新刊ラインナップ！

経済ニュースの裏を読め！

2009年12月刊行

「本当はヤバイ!韓国経済」(彩図社刊)
「マスゴミ崩壊」「崩壊する世界 繁栄する日本」(扶桑社刊)
「ジパング再来 大恐慌に一人勝ちする日本」(講談社刊)
など話題の著書多数

次世代を担うエコノミスト三橋貴明氏が、先行き不透明なこの時代に、押さえておきたい56の知識を解説！

ニュースは本当に正しいことを伝えているのか？

例えば「国は借金まみれ！は大嘘！国家としては世界一の金持ち!!」「日本は輸出依存の国ではない！」「日本の公共投資は大幅に減っている！」「公務員の数は主要国の中で一番少ない!」など、ニュースが伝えていることが事実とは違っていることもあるのです。
次世代を担うエコノミスト・三橋貴明氏がテレビや新聞で伝えている「ニュースの裏側」から経済の基礎知識をQ&A式でわかりやすく解説。

三橋 貴明 著　A5判/236ページ/¥1,470(税込)

ングは午後もしくは夕方にする。部下にその日の報告をさせ、上司が次の日の指示をする。重要な相手へのアポイントもこの時点で入れさせれば、その日のうちに予定が立てられる。そして、次の日の朝から部員が行動できるので、時間を浪費することもなく、売上にも貢献できる。**午前は会社が儲かる時間**なのだ。

行動はミーティングに勝る。

ミーティングが行動の障壁になってはいけない。

このことを部署や会社で実践するには、管理職のマネジメントによるところが大きい。管理職が「ミーティングは朝」の慣例を打ち破ることだ。

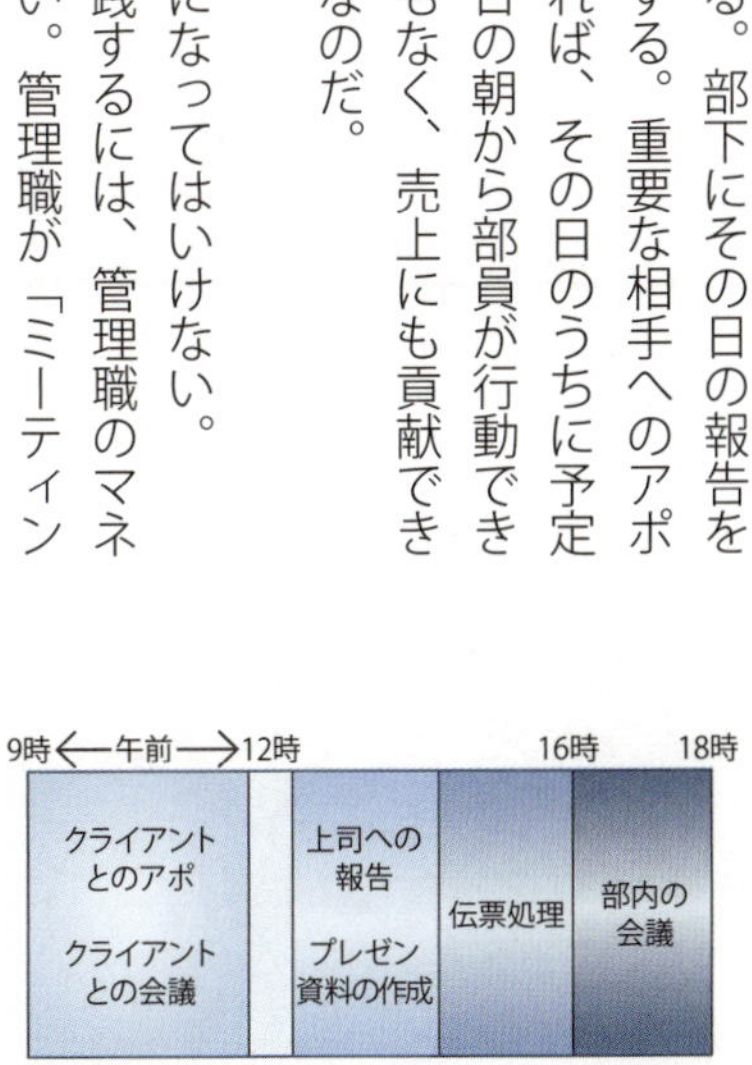

・午前中は人と会うための時間

こんなにお得

売上を伸ばす仕事にあてられる時間が増える。

ミーティングの決定事項を翌朝から実践できるので、時間のムダがなくなる。

やらない

16

時間のムダをなくす

16時にアポをとらない

取引先を訪問するためにアポイントをとる場合、相手の都合に合わせてしまうと時間がムダになることがある。時間設定にはひと工夫を。

会社の勤務時間は概ね9時から18時。この時間をムダなく使うことが、できるビジネスマンの条件だ。ムダなく時間を使うためには、相手を訪問する時間設定を自分のペースで行うこと。

相手にアポイントをとるとき、「いつお伺いしましょう?」とは絶対に聞かない。このやり方は相手にスケジュールを委ねることになり、時間調整で自分が苦しむことになる。アポイントをとるときは、必ず自分から「○時ではいかがですか?」と申し出て、**自分のペースに相手を乗せる**ことが大事だ。

そして、設定時間にも工夫が必要だ。

16時の訪問は時間がムダになるのでやめる。16時に相手を訪問するためには、15時頃に会社を出ることになる。午後は13時から15時までの2時間しか仕事ができない。16時から相手と会い、終わるのが17時。会社に戻ると退社時間の18時になる。直帰するにしても、17時では早すぎる。会社に戻って仕事をすれば残業になる。時間のムダがいっぱいだ。

訪問時間を17時にするとムダがなくなる。16時まで午後は3時間の仕事が確保でき、相手との面談が終わるのが18時。直帰できる時間だ。たった1時間アポイントをずらすだけで、時間のムダをずいぶんなくすことができる。

午前10時のアポイントも、16時と同じように時間のムダが出る。出社してすぐに外出。もどると昼休み。仕事をする時間がなくなってしまう。

こんなにお得

自分のペースでスケジュール管理ができるので、面倒な調整がなくなる。

時間の有効活用ができて、残業を少なくすることができる。

やらない
17

会議で踊らされない

1時間以上の会議はしない

物事を決められず延々と会議を続けるのが、会社の体質になっていることが多い。会議の運営ルールを作って、成果を生む会議にする。

仕事とは利益を上げるための行動だ。だから、会議は仕事ではない。会議を延々と続けることは、自ら仕事の機会損失を促進していることになる。また、長い会議ほど結論が出ず、同じ論議が繰り返されているだけだ。

会議は1時間あれば十分。ルールを決めて行う。

会議をする目的は次の3つ。

1 物事を決定する（何を決定するのか事前に通知しておく）
2 アクションプラン（いつまでに、だれが、何を、どうする）を決める
3 行きづまった案件を打開するアイディアを募る

そして、会議の運営上大事なポイントがある。
1 他人の意見の批判は時間のムダなのでさせない
2 進行役は発言者を指名して、強制的に意見を出させる
3 発言時間を区切ることで、要点を絞らせ本音を言わせる
4 司会者は発言者の話を繰り返さない
5 会議への集中と、議事録の内容確認のため、発言者の要点を各自にメモさせる

話が長びき、会議が1時間を越えたら宿題を出して、会議を終了させるというルールにする。すると、出席者は次回への持ち越しを嫌い、時間内に結論を出すように集中して討議するようになる。

ルールと時間をしっかり決めることが、会議を成功させるコツだ。

こんなにお得

成果の出ない会議がなくなり、会社に利益をもたらす会議になる。

会議の時間が少なくなり、実務に割り当てられる時間が長くなる。

やらない

18

見た目より中身

企画書をパワーポイントで作らない

パワーポイントの利点は、アピールポイントやデザインを強調して、見た目をよくできること。つまり、中身の強化には結びつかないツールだ。

企画書はパワーポイントで作るものと思ってはいないだろうか？　パワーポイントはムダが多く、必ずしも強い味方ではない。

パワーポイントで企画書を作ろうとすると、ワードやエクセルとの違いを出さないと意味がない。まず、パワーポイントの特徴である自在なレイアウトで、企画書をデザイン化することを考える。会社のロゴを配置したり、枠線の設定、文字の大きさと彩色。センスが問われるようで真剣に考え込んでしまう。企画内容とは無関係なことに、多くの時間を費やした力作ができ上がる。

しかし、この努力が実ることはない。

企画書は提案内容が命。取引先も企画書の見栄えだけで企画を決定することなどない。自分が企画提案を受ける立場で考えれば明らかなことだ。

さらに悪くすると、パワーポイントの企画書をコピーして配布し、同じものをプロジェクターで投影して説明したりする。ムダの大盤振舞いだ。こんなムダをするなら、もっと企画内容を精査することに精力を注いだ方がいい。

パワーポイントは使わず**企画書はワードで作る**。

企画意図、企画内容、そしてその効果を筋立てて簡潔に述べることが企画書では大切だ。相手はその場で詳細を読むほどの時間はない。別紙として、ポイントのみを抜き取ったレジュメを1枚準備すれば完璧な企画書になる。

こんなにお得

企画書作成の時間を短縮して、内容を考える時間を多くできる。

相手に対して企画内容をきちんと伝えることができる。

やらない

19

無料配信サービスを使わない

タダほど高いものはない

インターネットを使うことで、手軽にたくさんの情報が手に入る。だからといって、情報の無料配信を使うのはかえって高くつく。

仕事のための情報源としてインターネットは欠かせないものになった。更に、必要な情報を定期的にメールで配信してくれる無料サービスも多くある。仕事に関連する情報サイトに登録をすれば、手をわずらわされることなく情報が配信されてくる。多くのサイトに登録して、毎日大量に配信される情報が貯まっていくのをながめて、1人悦に入ってしまいがちだ。

しかし、**情報は活かさなければ何の意味もない**。定期的に受け取った情報を開いて内容を確認する。今、必要な情報ではないが、今後使う可能性がある内容なので、分類して保存する。1日何通ものメールで同じことを繰り返す。他の仕事を中断してだ。

必要なときに、必要な情報が配信されることなどない。だから、無料サービスで情報を受け取り、内容を確認して分類・保存しても、**使えない情報を整理している**だけのこと。それも、仕事を中断して貴重な時間を使っているのだ。今すぐ配信停止の手続きをとったほうがいい。部下にも無料配信サービスの過剰な利用は止めるように徹底する。

情報は必要なときに、ピンポイントでネットを検索して入手する。具体的なキーワードを複数設定すれば、合理的に情報が入手できて仕事の生産性を上げてくれる。

こんなにお得

ムダな情報の仕分けに時間をとられることがない。

生かせる情報を適宜キーワードで検索するので、仕事の効率化が図られる。

やらない

20

自己満足は禁物

部下に親切にしない

親切心を持って手助けしたのに、部下からはさほど感謝されなかったりする。親切は必ずしも相手にとって必要なことではない。

「親切にしよう」などと思わないほうがいい。周りが迷惑するだけだ。

「親切にしよう」と思う気持ちには、相手のことを思う気持ちよりも、自分を犠牲にして助けてあげたいという悲壮なヒーロー的精神が根底にある。こんな親切は「ありがた迷惑」だ。ビジネスにはまったく必要がない。

上司が部署内にくまなく目を配り、部下の状況を把握することは大事だが、「親切」という気持ちを持って見ていると**部下の成長を妨げる**。それは、部下が苦心しながらもやり遂げようと努力していることを、上司の自己満足でやってあげてしまうことになるからだ。部下の努力を踏みにじる行為といえる。

こんなにお得
・気軽に声かけ
・意見を聞いてくれる
・話しやすい
よし、上司に相談しに行こう

・相談や意見交換が自由にできる風土作り

親切は自分が思ってやることではない。相手が結果的に親切にしてもらったと感じる行為が、親切なのだ。つまり、**親切は他人がする評価**だ。

上司が部下を助けてあげたいなら、上司と部下、そして部下同士の風通しをよくして、相談や意見交換を構えず自由に行える風土を作りあげることが大切だ。自由闊達な意見交換は、部下が問題解決の糸口をつかむきっかけになり、やるべきことが見えてくる。それでも悩みや不安をかかえて、辛そうにしている部下がいたら、声がけをするのもいい。基本的には上司は、部下が自分から助けを求めてくることを待つ。

部下の自立心を育み、成長の機会を与える。

上司は甘い自己満足に浸ることなく、自分の責務をまっとうできる。

PART 2

組織の生産性を上げるための やらない法則

まとめ

組織の生産性は上司の腕次第

組織の生産性を上げるのは上司の手腕。裏を返せば、生産性が低いのは上司の責任だ。部下にムダな労力を使わせたり、上司としての責務を果たしていない結果が生産性の低さにつながっているのだ。

上司が組織でやるべきことは、**生産性の上がる組織体制の構築**にある。その組織体制が部下の能力を引き出し、費用対効果の高い成果に結びつかないといけない。

まずは、部下を管理するために行っている会議や書類の提出などの**強制的な義務行為を改めてみる**ことだ。義務行為に生産性はなく、時間ばかりが費やされる。もたらされるのは管理職の自己満足だけ。

部下にやらせないことで時間を生み出し、生産性を上げるのが上司の責務なのだ。

PART 3

仕事をする場を整えるためのやらない法則

やらない

21

活気のある職場作りにこだわらない

声が響き会話が弾む中、キビキビと動く部下たち。活気のある部署は精鋭集団のように見えても、そこにムダが生まれ仕事も散漫になる。

場の活気と仕事は別

仕事に関連する会話があちらこちらで聞こえる。先輩から後輩へ指示が出され、「どうなっている!」と確認の声が飛び交う。一見すると活気のある部署で、精鋭が集まっているように感じられる。上司も仕事がはかどった気分で鼻高々だ。

でも、この部署は仕事ができていない。

まず第1に、この部署には仕事をなし遂げるのに大切な「集中」がない。日常飛び交う会話は、検討や相談ごと以外の雑談も多い。周りに声が響き、真剣に考えようとしている**他人の集中を妨げる**。

第2に、先輩から後輩への大きな声は単に「手下」扱いしているだけ。活気ではなく恫喝となって、若手は委縮している。

活気を表面的な状況に求めるとこうなる。ほんとうの活気は、全員が集中して仕事に取り組んでいれば起きてくるもの。そのための上司の取り組みは2つ。

1つは、個人で行うデスクワークと、複数で行う検討・相談を区別して行わせること。誰かの机に集まりごちゃごちゃと話すのは禁止。複数が集まるときは、テーマを上司に伝え、デスクワークを妨げない別の場所に集まって行わせる。

2つ目は、**自分のことは自分でやる**習慣をつける。最もいけないのは、上司が若手社員にコピーをとらせたり、資料を持ってこさせたりと雑用を押しつけること。若手社員も集中して仕事をさせないと育たない。

こうすれば、静かだが志気が高い職場になる。

こんなにお得

- 周りを思いやる気持ちが、お客様への対応にも表れる。
- 集中して仕事ができるので、効率が上がる。

やらない

22

仕事は地位でしない

役職名で呼ばせない

係長、課長、部長、常務、専務、社長、会長。これらはすべて地位を表す言葉だ。地位で自分を呼ばせるのは単なる権威主義。仕事は人と人が行うもの。

「部長、ハンコをいただけますか?」

「ん、ちゃんとやるんだぞ」

こんな会話がないことを願う。自分のことを「部長」と役職で呼ばせていれば、これが当たり前の会話に聞こえる。

しかし、役職で自分を呼ばせるのは間違いだ。役職は会社から自分に与えられたもので、組織での地位と権限を表す。つまり、**役職とは会社から課せられた責務**なのだ。責務であるにもかかわらず、名誉の称号と勘違いして部下に役職名で呼ばせているようでは勘違いもはなはだしい。

また、役職者は部下に命令するのが仕事ではない。いい仕事ができるように**部下をサポートするのが仕事**だ。部下が仕事のやり方がわからないようならば、率先して仕事を行い、手本を示すのも仕事のうちだ。更に、部下とのコミュニケーションを強化して、それぞれの仕事の現況を把握し、サポートやアドバイス・問題の処理を行い、部下が能力を発揮できる環境を整えなければならない。若手社員とであっても対等な立場で向き合い、互いに尊重しつつ、掲げた目標を達成してはじめて、役職をまっとうしたことになる。

課せられた責務は重いが、それで部下の仕事が成功すれば、部下は上司として自分を認め、お互いの信頼関係を築くことができる。それを喜びとするべきだ。部下が自然に名前で呼んでくれるようになれば、役職を果たしている証明だ。

こんなにお得

部署内がひとつになり、目標達成に向かって進むことができる。

権威を捨てることで部下との信頼関係を築くことができる。

やらない

23

問題は根本を解決すること

清掃でいきなり掃いたり、ふいたりしない

定期的に物を片づけたり、社内を清掃することは悪くない。しかし、毎回同じことを繰り返しているなら、問題の解決ができていない証拠といえる。

月末や年度の変わり目などに、定期的な片づけや清掃を行う。さっさと終わらせようといきなり床をほうきで掃いたり、机をふいたりしても、ほんとうの意味での清掃にはならない。問題の解決ができていないからだ。

「検査なくして治療なし」という教えがある。検査をして根本原因を突き止めないと、有効な治療はできないとする教えだ。熱が出た患者に検査もせず、症状だけで風邪薬を処方する。しかし、熱の原因が胃腸炎であれば、風邪薬の処方は全く意味がない。治療のためには検査が必要なのだ。

治療を清掃に置きかえてみても同じことがいえる。散らかっているからと、いきな

りほうきで掃いたり、雑巾でふいたりするのは、検査をせずに治療するのと同じ。すぐに元の散らかった状態に戻り、何度も清掃が必要になるだろう。ゴミが散らかりやすい場所はどこなのか、なぜそこは散らかるのかという**原因究明が必要**だ。

同じ資料なのに個々人が好き勝手に保存しているため、キャビネットが足りず、あふれてしまっている。

日々の収納や片づけが習慣化できていない。etc.

また、これは清掃に限ったことではない。

何ごとも**対症療法では問題解決に追われる**ばかりだ。常に根本原因に目が向くような視点を与え、思考を習慣づけるために、清掃からそれを始めようということだ。

こんなにお得

片づけや清掃に追われることがなくなる。

根本原因に目を向ける習慣がつく。

最重要
要注意
これで完璧

やらない

24

ダメの根源は机にあり

自分の机を持たせない

個人に割り当てられた机やスペースは会社から借りているのに、「自分の物」という意識になる。

こんな会社がある。

机は大きな共同机で、個人に割り当てられたデスクはない。出社したら各自好きなところに座る。ただし、ロッカーは各自に1つあり、自分のノートパソコンをカギをかけて管理する。退社するときは共同机に一切物をおかず、すべてロッカーにしまう。

いくつかの変化と効果が表れた。

1　会社から私物が減った

読み終えた雑誌、音楽プレイヤー、キャラクターのフィギュアがなくなった。

2　自分で清掃するようになった

退社のとき、自分が使った机のスペースをふき掃除するようになった。

ゴミを放置しなくなったばかりか、ゴミの量自体が減った。

3 仕事の効率化

書類の山から、必要なものを探しながら仕事をすることがなくなった。

残業時間が総じて減った。

4 コミュニケーションの強化

必要に応じて集まり、話を聞く、教えるための会話が増えた。

1枚の書類を回し読みするようになり、問題提起が増えた。

自分の机を持たせないことで、人を気づかい、尊重する気持ちが全員に生まれ、一丸となれるようになった。

こんなにお得

会社の雑費支出が減り、経済効果がもたらされる。

自分の専用机並みの愛着を共同スペースや備品に持ち、大事にする。

やらない
25

イスは集中を乱す

イスに座って会議をしない

会議は会議室で、上司を中心にイスに座って行うのが普通。だが、こうした会議では時間もかかり、成果も出ない。

座るという行為は体を休める意識を呼び起こす。体がラクだから、頭は集中できると思ったら大間違い。意識が散漫になって集中することができなくなる。この状態で会議を行う意味はない。

また、座って体がラクになると、時間を気にしなくなる。少し会議が長くなっても苦にならないから、ダラダラとした時間を過ごしがちになる。それが脳にも作用して思考能力を低下させてしまう。

だから、思い切って**会議は立って行う**。

そこで準備するのはクリップボード。部員各自に持たせる。資料を留めて、メモを

・短時間で集中して会議ができる

こんなにお得

時間を節約し、密度の濃い会議になる。

ダラダラ状態から抜け出し、前向きなやる気がわいてくる。

書き込めるようにするためだ。発言者も立っているので、**要点をまとめて手短に説明**しようとする意識が働き、聞き手も一度で理解しようと傾聴する。発言者も聞き手も、皆が会議に集中するようになるのだ。

体を使っていることで脳を刺激し活性化をもたらすので、的確に物事を考え、判断できるようになる。だから、短時間でも成果の出る会議ができる。これが立って会議を行う利点だ。

連絡事項の朝のミーティングなら、わざわざ椅子のある会議室に移動して行うよりも、部員が上司の席に集まり立って行えば、移動時間もなく短時間でできる。

やらない

26

情報は1つにまとめる

会議でメモ帳は使わない

ビジネスマンにとってメモを取ることは必須だが、その取り方でできる人、できない人が分かれてしまう。あなたはどっち？

おおかたの会議ではレジュメや資料が配布されて、主催者の説明がある。次に発言者の要点をメモして記録するだろうが、問題はそのメモの取り方だ。

メモ帳やシステム手帳にメモをとるのは、できない人のやり方だ。

メモ帳に書くと、資料とメモ帳の両方を見比べなければならず、手間と物量がかかり、整理・整頓がわずらわしい。必要なメモがどこに書いてあるのかもわからなくなってしまう。ひと目でポイントがわかるようにするには、資料に直接書き込む**情報の一元化**の方法がいい。

また、会議に出ていない人に内容を説明する場合にも、メモを書いた資料をコピーすれば、疑問点や自分の考えを簡単に説明することができて、理解させることが容易だ。メモが別にあるとコピーして配布しようとせず、読み上げて終わりになるので、相手の理解度は低くなってしまう。

更に、疑問は赤文字、思いつきは青文字と色分けすれば、よりメモの効果が出てくる。そして、重要な部分にはページをめくらなくてもわかるように色分けした付箋を貼る。疑問には「?」、賛同する項目は「○」、反対は「×」。メモ帳ではこのような機能は果たせない。

また、付箋を常に携行していれば、ふとした思いつきや立ち話が簡単にメモできる。そして、関連する資料や議事録に貼れば忘れることはない。また、自分の考えているポイントやイメージをその場で書いて相手に渡すことも可能だ。

メモの工夫が、できる人になるためのカギだ。

こんなにお得

メモの内容と種類がひと目で分かるように整理・整頓がすぐできる。

付箋を活用すれば、更に便利な情報活用ができる。

やらない

27

ホワイトボードに発言をいちいち書かない

かえって集中力が散漫になる

会議に集中できず、ただいるだけの出席者がいると、参加者全員のモチベーションが下がる。主催者のちょっとした工夫で、全員参加の活発な会議にする。

会議の必需品になっているホワイトボード。しかし、このホワイトボードが会議のレベルを下げ、出席者の集中力を妨げている。有意義な会議にしたければ、ホワイトボードの使い方を改めてみることだ。

出席者から意見を聞いて要点をホワイトボードに箇条書きにする。これが会議への参加意識を阻害しているのだ。要点を書いてくれるのだから、発言を傾聴する必要がなくなる。会議に出席する目的は、それぞれがどのような意見を持ち、何を考えているかをその場で発言し、互いに理解した上で、ものごとを決定すること。その発言を聞かなくても済むようなホワイトボードの使い方に改めるべきだ。

会議を価値あるものにするには、**出席者に頭と体を同時に使わせる**ことだ。頭だけを使っていると集中力が途切れてしまうから、体を使わせて脳に刺激を送り、集中力を持続させる。会議で体を使わせるのには、**強制的にメモをとらせる**といい。それも、ただ言われたことを丸写しさせるのではなく、自分の頭で咀嚼《そしゃく》してメモをとらせることが大切だ。

ホワイトボードの効果的な使い方は、言葉で伝わりづらい考えの図示や、ものごとを決定するためのポイントをフォーカスする方法。提案に対する審議では、ホワイトボードに賛成と反対を区別して、貴重な意見が出たら司会者は、「今の賛成意見を1番として、メモしてください」と出席者に促す。そして、賛成欄に「メモ1　Aさんの意見」とだけ書く。ホワイトボードには賛成と反対が図示されてわかりやすい。

会議への参加意識が高くなるので、意見が活発に出される。

会議後の議事録作成などの後処理をする必要がなくなる。

やらない

28

重要な名刺をすぐに探せる

名刺は「あいうえお」順に並べない

大量の名刺を整理するのは手間がかかり面倒だが、必要な名刺を探し出すのはもっと面倒だ。整理の仕方を変えれば探すのも簡単になる。

名刺の整理の仕方は会社名の50音順に、名刺ファイルに入れて整理することが多い。だがこれは、機能的ではない。**優先すべきは現在の利用頻度**だ。

今取りかかっている仕事に関係する人の名刺は、その仕事やプロジェクトの名前をつけて名刺ファイルの前のほうのページにまとめてしまい、探さなくてもすぐに取り出せるように整理する。当然、いろいろな会社が入り混じるが、仕事ごとに分けているため一目瞭然だ。プロジェクトが終わって利用頻度が下がったら、そのまま後ろのページに送ってしまえばいい。しばらくご無沙汰している人と、最後に何の仕事をしたかが後になってもわかる。新しい仕事でまた、一緒になったら前にもってくる。

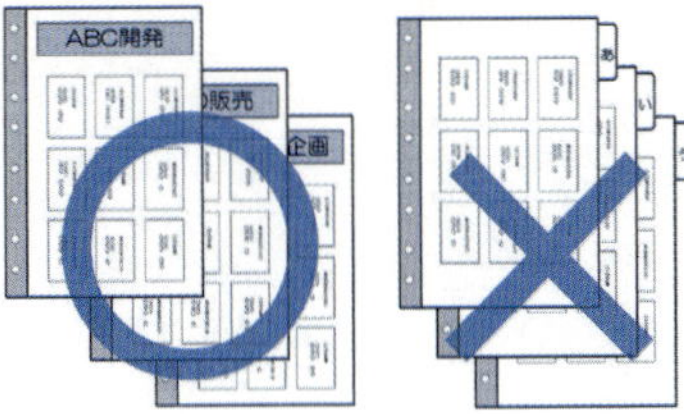

・携わっている仕事やプロジェクトごとに整理する

使用頻度の少ない名刺は業種ごとに分け、後ろのページに保存する。会社名や担当者を覚えていなくても、仕事で必要になった場合は業種で探せばいいので、漠然と探すよりもずいぶんラクだ。業種内の並びは50音順でよい。

もうひとつの整理法は、**パソコンのメールアドレス帳を利用**する。名刺ファイルの前のほうのページの人とは、メールで連絡をとることが多い。そして、複数の人にメールを同報することもある。だから、アドレス帳にその人の会社の住所、部署、肩書、電話番号、FAX番号まで登録し、プロジェクトごとにフォルダを分けて保存する。これなら、名刺ファイルを引っ張り出して、ページをめくらなくても、メールのアドレス帳で簡単に検索できる。

こんなにお得

覚えのない名刺がなくなり、名刺自体が情報源になる。

自分なりにアレンジを加えて整理すれば、検索性能もあがる。

最重要
要注意
これで完璧

やらない

29

ムダな整理はしない

クリアファイルで保存しない

書類をむき出しのまま机や引出しに置いておくのはいかにもだらしない。でも、クリアファイルに挟んで保存するだけではムダな整理なのだ。

書類の整理のために、とにかくクリアファイルに入れてしまいこんでいる人をよく見かける。しかし、こうした物の使い方にも、じつは〝やらない法則〟があるのだ。すぐに使う、あるいは重要な書類であればクリアファイルではなく、保存用のボックスなどにしまって、見出しをつけ、分類して保存するのがお勧めだ。そこまでの必要性がないものを、クリアファイルに入れて保存すればいい。

クリアファイルに入れれば、書類の中身がわかり、便利なように思える。机の上に積んだり、引出しに入れるだけで整理が簡単だ。だが、簡単さゆえに会議が終わると配布された資料をとりあえずクリアファイルに入れて保存してしまう。必要・不必要を考えないので、どんどんクリアファイルの数が増えて行く。しかし、この書類が活かされることはない。クリアファイルで保存されている書類のほとんどが**「死んだ書類」**だ。

結局、ある時期が過ぎると大量のクリアファイルを引っ張り出し、中身を見ながらほぼすべての書類を廃棄することになる。**整理した手間がムダになる**上、廃棄するときの手間も余計にかかってしまう。クリアファイルも大量に必要だ。

とりあえずの書類は、引出しを決めてそのまま入れてしまう。整理もしなければ、ファイルに入れることもしない。必要になったときは、その束を出して、めくりながら探せばいい。そして、1か月間などと期間を決めて、一定期間が過ぎたら思い切って捨ててしまう。

ごくまれに探し出す時間が少しかかるだけで、面倒なことはない。

こんなにお得

時間を使った面倒な整理をしなくてすむ。

「念のため」の保存をしなくなり、ムダに書類を溜め込まなくなる。

最重要
要注意
これで完璧

やらない

30

個人の裁量は許さない

B判用紙は使わない

会社で「整理・整頓」というと、対象になるのは大半が書類だ。いろいろなサイズや書き方、片面・両面とまちまちだが、ルールを決めれば整理できる。

仕事には制約がつきものだが、意外と会社の制約がないのが書類の作り方と印刷の仕方だ。各人が趣向を凝らし、アピールポイントを強調するためにひと回り大きな用紙を使ったり、コスト意識から両面印刷をしたりと自由度が高い。これが書類の整理・整頓を面倒にしている。

個人の裁量は許さず、会社で書類作成をマニュアル化すればいい。

まずは、用紙の判型を統一する。書類を作るときに一番多く使うのはA4だ。だから、用紙はA4と半分に折ればA4になるA3だけにして、**B5・B4は会社からなくしてしまう。**これだけでファイルの大きさを統一できて、収納もしやすくなり整理できる。クリップなどで留めるときも、サイズ違いで抜け落ちる心配がない。

次に書類の作り方だ。**印刷は片面を基本**にすると読み書き（メモ）がスムーズになる。書類が2枚になるときは、レイアウトを変えて読みやすくする。

縦長横長の使い方は、**A4は縦長、A3は横長に**する。ただし、図表だけは見やすさを優先して、縦長横長どちらでも良い。

綴じるときはめくりやすいように**左上を斜めにホチキス止め**。左手でめくり、右手でメモができるからだ。

文字の大きさは、本文部分は**10・5ポイントのMSPゴシック**。老若男女誰もが見やすい大きさと形だ。

上司が部内で徹底させれば整理・整頓がラクになる。

こんなにお得

全社統一でファイルやロッカーを整理・整頓できて機能的に使える。

万人好みの読みやすい書類が全社で作成できる。

最重要
要注意
これで完璧

PART 3

仕事をする場を整えるためのやらない法則

まとめ

環境整備は部署一丸で

仕事の効率化を図り、成果を上げるためには、**仕事場の環境整備**が大事。部員一人ひとりの整理整頓も必要だが、部署の全員が同じ意識を持って環境整備に取り組むと、部員それぞれが周りの人を気づかい、尊重する気持ちがわいてくる。これがコミュニケーションの強化につながり、組織力の向上をもたらす。

特に、固定したデスクを持たず、好きなスペースでデスクワークを行う**「フリーアドレス」**は、大きく環境を変え、部署にもたらす効果も大きい。チャレンジしてみる価値のある方策だ。

会議の環境も上司が中心になって変えて行けば効率が高まり、生産性に結びつくものになる。

PART 4

仕事相手とうまく付き合うためのやらない法則

やらない

31

自分の土俵に引き込む

取引先にすぐにハイと言わない

取引先から新しい提案や要求があり、これまでとは違う条件で仕事を依頼される。このとき、素直にハイと言わず、より良い展開を考えて返事をする。

取引先から「今までは1か月の納期だったが、これからは発注してから3週間で納品してほしい」という新たな提案があった。それほど難しいことではないので、その場で素直に「ハイ」と答えた。しかし、本当にこんな対応でいいのだろうか。実はこれで**大きなビジネスチャンスを逃している**のだ。

納期を早めてほしいというからには、相手側に何か理由があるはず。販売が好調だとか、新しい顧客がついたなどの、状況の変化があったから、納期を早めてもらう必要が出てきたのだ。それなのに、相手の事情も理解せずに「ハイ」では子どもの使いになってしまう。

たとえば、販売が好調という理由だとする。ならば「ハイ」ではなく、より相手にとってプラスになる逆提案をするべき。提案を出せば、**相手を自分の土俵に引き込む**ことになり、チャンスが生まれる。金額などの条件交渉も必要だ。

もし、提案が浮かんでこなければ、「前向きに検討します」や「こちらから提案させて下さい」と、「ハイ」に代わることばを使って社内に持ち帰り、対応策を練る。場合によっては、今後の取引のことも考えて、自分の会社にとって、プラス面とマイナス面両方で考えるのがいいだろう。

「ハイ」は交渉終了を意味する言葉。無条件で「ハイ」と言わずに、頭を使って、相手の情報や交渉の余地を引き出すことが自分と会社を成長させる。その結果、相手とのＷｉｎ-Ｗｉｎの関係を築いていけるのだ。

こんなにお得

逆提案することで、新たなビジネスチャンスが生まれる。

相手とのＷｉｎ-Ｗｉｎの関係を強化できる。

やらない

32

マナーは冷たい

会話で「御社」は使わない

ビジネスマナーを守ることは大切だが、守るだけでは最低限の関係しか築けない。ありきたりのやり方をせず、自分を出すことで人間関係を作る。

取引先に新企画をプレゼンする。

1「このシステムの導入は、御社のコストを10％削減して、業績の向上に寄与します」

2「このシステムを導入しますと、A社様のコストを10％削減できて、業績の向上に貢献できます」

ビジネスマナーでは取引先を「御社」というのが通例。1は「御社」を使って説明したときの一般的な言い回しだ。全体が非常に固く、冷たい印象を受ける。これに対して2は、「A社様」と社名に「様」をつけた。社名を使うことでやわらかく、親身になって相手を考えているような表現になってくる。

ファーストフードのチェーン店の接客がマニュアルで厳しく躾《しつけ》られているのは、すべてのお客様に公平なサービスをするためと、すべての店員の接客レベルを均質に保つためだ。ようするに、ファーストフードの概念は「すべて（ALL）」が前提。しかし、多くの**ビジネスは相手との「1対1（ONLY）」が重要**だ。

「御社」と「A社様」ではどちらが「ONLY」か？

マナーやマニュアルを守るだけでは高いレベルに達することはできない。

マナーを守ることは必要だが、部下には、相手のことを考え自分を出して「ONLY」にならないと友好関係は生まれないことを教えるべきだ。

相手には「ONLY」として親身になるのが、できるビジネスマンだ。

こんなにお得

マナーを超えた顧客対応で、自分だけのビジネススタイルができ上がる。

ビジネスマンとしてワンランクアップできて、信頼を得られる。

やらない

33

押し売りでは売れない

初対面の相手に売り込まない

男女の仲には「ひとめぼれ」はあるが、ビジネスにはない。時間をかけてお互いの理解を深める「お見合い」がビジネスには向いている。

事業を拡大して売上を伸ばすには、新規顧客の開拓が重要になる。会社訪問だけでなく、パーティーやセミナーなどの会合で出会った新しい会社とのつながりを、ビジネスチャンスにできるかどうかがカギになるだろう。

初対面の相手と名刺交換をして、事業の話を簡単にする。この時点で、今後の仕事につながりそうであれば、受注側と発注側の関係性もわかるだろう。当然、受注側になる会社の社員はこのビジネスチャンスを生かそうと、熱のこもった自己紹介をする。仕事のきっかけ作りをしようと一方的に自社の商品を説明し、相手の内部状況を根掘り葉掘り聞き出そうとする。これでは押し売り。相手が警戒するだけだ。

名刺交換は人と人との出会いの場。つまり「お見合い」だ。お互いの人となりを少しずつ理解し合い、好感を持たれれば「初デート」の連絡を後日とることにする。ここまでにとどめることが、初対面をビジネスチャンスに変えていくコツだ。

会社の詳細や自分の業績をまくしたて、信用を勝ち得ようとしてもムダ。自分の仕事の話よりも、相手の話したい話題で話させ、そこで自分が役に立てることがあれば申し出てみる。そうして、**信用を得なければ仕事も成り立たない**。

「近々連絡をいたしますので、一度お時間を下さい」

「連絡お待ちしています。お話を聞かせて下さい」

こう結べれば成功だ。部下をあおって、強引な営業をさせるなどもってのほかだ。

こんなにお得

人のネットワークが構築できて、仕事にも活かされる。

パーティーやセミナーへの出席が楽しくなる。

やらない

34

取引先の好きなことを探さない

好きは一瞬、嫌いは一生

「好き」は一瞬で「嫌い」に変わるが、「嫌い」は「好き」に変わらない。相手が好きなことをするよりも、嫌いなことをしないのが上手な付き合い方。

長く取引していたり、大きな取引が成功しそうな得意先の担当者に対して、何かをしてあげたくなるのは人の情。遠回しに趣味や好物を調べたり、しきりにゴルフに誘ったり、お酒をプレゼントすることを考える。

しかし、相手に感謝し、仕事を大事にしたいなら、こんなご機嫌取りは無用だ。ご機嫌取りはうまくいっている良好な関係を、一瞬にして険悪な関係に陥らせる可能性がある。相手が社内で評価の高い人ならなおさらだ。

仕事は会社間の取引。仕事のお礼や今後のお願いのために、相手の好みを調べてプレゼントしたりするのは会社を無視した行為。相手が高潔な人物なら、接待や贈り物を押しつけられると、かえって品性を疑われ、一瞬でこれまでの関係は崩れてしまう。
相手の好きなことを探すよりも、**相手がしてほしくないと思っていることを知り、**それを絶対にしないよう心がけるほうが、お互いの関係を良好に維持し、仕事にも好影響をもたらす。例えば、時間に厳しい人なら、必ず待ち合わせ時間には遅れないようにして、いつもより早めに会社を出る。言葉遣いに気を遣っている人には、提出する書類はもちろん、メールやファックスも、日ごろの文章よりも気を遣って書くように心がける。
「好き」の感情が「嫌い」になると、修復するのは至難の業。だから、相手の「好き」を探すよりも、「嫌い」を心得て、それを絶対にしないようにする。相手の嫌いなことをしないレベルなら労力もお金も必要ないし、リスクもない。仕事に集中できるいい信頼が築ける。

こんなにお得

好意があだになることもなく、お互いの良好な関係が継続できる。

ムダな時間、労力を使うこともなく、仕事で認めてもらうことに集中できる。

やらない

35

口はわざわいのもと

自分の口から相手をほめない

人をほめるのは難しいこと。かえってその言葉や態度で相手を不快にさせてしまうこともある。ほめ方にも工夫が必要だ。

人をほめることが仕事相手との良好な関係を築くコツではない。自分が仕事相手から「○○さんでなければ解決できなかった」とほめられたらなんと答えるだろうか？「ええ、そうですね」とは答えない。テングだと思われてしまうから。「いえいえ、皆さんのご協力のおかげです」と無難に謙遜するが、おせじを言われているようで、なんだか嫌な気持ちになる。

だから、自分の口で直接相手をほめることは、お互いの関係をぎくしゃくさせるので、相手を目の前にして自分の口からはほめないほうがいい。しつこくほめると、相手から不信に思われたり、嫌味に聞こえてしまい、関係修復が困難になることもある。

人をほめるときは、**その場にいない人に感謝してほめる**のがいい。本人がその場にいないので、素直な気持ちでほめることができるし、周りの人にほめる理由をきちんと伝えることができるからだ。話をしている相手が、そのほめている人を知っているならば、「そうだね」と同意してくれるだろうし、その場の雰囲気も良くなる。そして、ほめていることでポジティブな気持ちになり、聞いてくれている人たちからは、人を見る目があり、素直に相手をほめられる人だとプラスに評価される。今後の仕事にも好影響をもたらしてくれるようになる。

このほめた話は人づてにいずれ本人の耳に入ることになる。面と向かってほめられるよりも人づてに聞いたほうが、本人も素直にうれしく思え、感謝の気持ちをもってくれるはずだ。

こんなにお得

自分の気持ちを素直に話すことができて、相手との関係を強くする。

ほめた相手が自分に対して信頼感を持ってくれる。

やらない
36

ひとりよがりは嫌われる
企画書は完璧に作らない

プレゼンに向けて企画書の中身を練るとき、相手の質問や突っ込みを想定して完璧な準備をしようとする。心掛けはいいのだが危険行為だ。

部員を総動員して、何度も何度も会議を重ねて時間をかけて企画を練る。そして、相手からの疑問・質問をシミュレーションして、その回答までを企画書に落とし込み、誰もが完璧だと思う企画書ができ上がった。しかし、この企画書が採用されることはないだろう。疑問・質問が出なくて成功するのは株主総会ぐらいだ。

完璧な企画書をプレゼンする。完璧ゆえ相手からの疑問や質問が出ない。これでは一方的にしゃべっただけで、聞いている相手はストレスが溜まってイライラする。企画にこそひとこと言いたくなるのが人情。それなのに発言したくても、何も言えないからだ。これではプレゼンは成功しない。

豊臣秀吉が織田信長に相談や感想を頼むときには、必ず何か突っ込みどころを用意して、信長が見事にそれを指摘すると「さすが殿！」と大げさに感謝してみせたという逸話がある。人は核心に触れる疑問をついて、納得できる答えが返ってくればその1点で満足して、「あとはＯＫ」と言いたくなるものだ。

企画は一方のみで成立するものではない。相手があってのことだ。つまり、双方の**共同作業で作り上げることが企画**を成立させるコツなのだ。

企画の一部を選択にして、相手に意見を出してもらい決めるのもいい。疑問点をそのままぶつけて相談することもときには必要だ。お互いにコミュニケーションを図り、よりブラッシュアップできてこそ実現できる企画になる。

こんなにお得

- 相手を巻き込んだ企画になるので、実現の可能性が高い。
- 事前にコミュニケーションをとっているので、後のトラブルがない。

やらない

37

プレゼンでスライドのコピーを資料配布しない

使い分けが肝心

プレゼンでありがちなのが、手元の資料と同じものをスライドで投影して説明すること。これだとプレゼンを受ける人たちはうんざりしてしまう。

「用意周到」を履き違えると、余計なおせっかいになる。その典型がスライドのコピーを配布すること。当日はよくても、後日振り返ると使えないことが多い。

こうした間違いを犯してしまうのは、**ツールによって用途、目的が違う**ことを理解していないからだ。配布書類はワードを使って要点を明確に文章で表現する。更には、その配布書類を受け取った人が、会社に持ち帰り、自分の社内で説明するときにそのまま使えるような明快なキーワードと過不足ない詳細な解説が必要になる。つまり、言語的に訴えかけるためにワードを使うのだ。これに対して、スライドは視覚的なインパクトを狙う。つまり、プレゼン参加者をその気にさせるためのもの。ビジュアル表現に有効なパワーポイントがいい理由だ。

スライドを配布資料へ流用する逆のパターンで、資料をそのまま流用した、細かい文字が満載のスライドは読む気にならないだろう。手元の資料に目を落とし、うつむいてしまうため、反応がわからなくなる。後で資料を読み返せばいいとあきらめ、集中力も散漫になる。それではいけない。

また、スライドを使ったプレゼンには、その場の人にライブで伝えるため、視覚だけでなく、聴覚も必要になる。そこで忘れてならないのが「声」だ。資料やスライドを補足したり、文章の行間の意味を声で説明したりすることで、相手の**「なるほど」を引き出す**のだ。

「**読ませる**」、「**見せる**」、「**聞かせる**」。この3つの特徴を使い分けることがプレゼン成功の秘訣といえる。

出席者をプレゼンに集中させて、訴えかけることができる。

ツールごとの役割を理解し、使い分けをしてプレゼン力《りょく》をアップ。

やらない

38

お金で仕事を頼まない

高い「作業賃」を払うことに

急な仕事や、評価の高い相手に仕事を頼む場合、お金の額で交渉を成立させようとする。お金以外の付加価値を見出さないと、相手の力を十分に引き出せない。

外部へ仕事を依頼するときに、自分の役職の重みを誤解して、見栄や意地を張ってしまい、上から目線の対応をしていないだろうか。発注側と受注側がＷｉｎ-Ｗｉｎの関係ではなく上下の関係になってしまい、気づかぬうちに、仕事を与える、与えられる関係になってしまうのだ。

そうなると条件交渉も紋切型になり、なかなかすんなり合意点が得られない。結局、お金の額でウンと言わせることになる。しかし、それでは単なる「作業」しか相手に望めない。

人にものを頼むときは、会社での役職、受発注の関係などは一旦脇において、**仕事**

がもたらしてくれる意義や付加価値を、お互いが共有できるように提案し、共感を得て行くことが大切だ。

なぜ、あなたにこの仕事を依頼するのか。

この仕事をすることでお互いに得られるものは何なのか。

仕事の成功がもたらす次の展開や将来へのつながり。

仕事にはお金以上に付加価値が大事だ。プロフェッショナルな人ほど、お金以外の仕事の価値を求めるものなのだ。お金のつながりは腹の探り合いで成り立つもので、その時々でお互いに都合のいい相手としか付き合えない。浅く、あとくされのない関係だから、期待も責任感もない。

お金だけの仕事をしないためには、自分のプライドなど捨てて、相手を思いやる気持ちが、いい仕事に結びつく。

こんなにお得

お金以外の付加価値が相手のモチベーションをアップさせる。

協力して成長していくWin-Winの関係が築かれ、長く良好な関係が保てる。

やらない

39

追い討ちをかけるな

他部署の社員は怒らない

大きな仕事を成功させるには、自分の部署だけでなく、必ず他部署にも助けてもらう必要がある。協力してくれる他部署には感謝の気持ちで接する。

取引先の部長から連絡があり、納品済の商品代が昨日の期限までに振り込まれていないので、以降の受注は解約したいとの申し出。状況を確認すると、振り込みが遅れたのは経理部による振込指定日の入力ミスと判明。すぐに振り込み、取引先に事情説明とお詫びをして、取引継続の確約を得た。

このとき、担当部門の部長は、ミスをした経理部の担当者を怒ってはいけない。会社の各部署はお互いをサポートする関係で成り立っている。しかし、部署内で仕事を進めていると、部署間の関係性を認識する機会は少ない。皮肉にも、今回のように他部署のミスによって、その関係性が浮き彫りになることが多い。こうしたときに他部署の社員を怒ることは、この関係性を崩すことになるので絶対に避けなければならない。

別の部署の担当がミスしたときに、そのミスを責めたとする。しかし、それが今後のプラスになる正しい指摘だと相手にわかってもらうほどの十分なコミュニケーションはとれないため、マイナス感情だけが積もってしまい、協力関係を崩してしまうことになる。

遠慮して、甘やかせという意味ではない。**部下を怒るのは上司の役目**。ミスした社員を怒るのは直属の上司だ。先の例では、経理部長がやること。それにもかかわらず、他部署の部長が追い打ちをかけて怒ることに、何のメリットもない。

トラブル対策は部署間での話し合いで行う。そして、よい協力が得られたなら、言える機会が少ない分、最大の感謝を伝えることが大切だ。

こんなにお得

他の部署が自分たちの仕事を好意的にサポートしてくれる。

他部署のせいにしないことで、より自部署の管理意識が高くなる。

PART 4

仕事相手とうまく付き合うためのやらない法則

まとめ

やらないことで相手を思う

仕事の相手を大事に思い、礼を尽くすということは、相手にムダな時間を使わせたり、余計なものを渡したりしないことが一番だ。相手と長く付き合うコツは、接する時間を短くして、会うのも必要最小限にとどめることだ。長々と自分との時間をとってもらうことが親密な関係ではない。余計なお世話で不快感を持たれるのがオチ。

相手がしてほしいことと、自分がしてあげたいことは違う。この違いを見極めることが仕事の良好な関係を維持することにつながる。しかし、見極めることは難しいので、自分に置きかえて考えればいい。自分がしてもらわなくてもいいこと、時間をかけてほしくないことを、相手にもしなければいい。

PART 5

自己実現のためのやらない法則

やらない

40

創造は模倣から

人真似を恥ずかしがらない

自分をできると思っている人ほど人真似を嫌うが、真似ることは意外に難しい。新たな発見や自分の欠点は、人から真似ることで気づく。

スポーツ選手や芸術家が技術を身につけてステップアップを目指す場合、必ず尊敬する、あるいは実績のある先輩に教えを請い、その人を真似して学習する。真似るということは、具体的な見本を前にして学ぶことができるので効果的な学習法だ。でも、会社にはできる先輩や上司がいるにもかかわらず、真似を「ずるい」こととして実践しない。労せずしてパクることだと思っている。

しかし、真似は労せずしてできるものではない。真似るためには観察眼を磨く必要があるからだ。上司がやることをうわべだけ真似ても何の意味もない。これはパクリ。よく観察して「なぜ」そうするのか、「よりよく」するにはどうすればいいかを意識

・スポーツも芸術も仕事も真似が大事

しながら真似ると、コツがわかって自分のものになる。**「創造は模倣から」**の実践だ。自分のものになればさらに工夫を加えることで、オリジナルへと発展させることが可能になる。

　真似ることには方向性を間違えないという利点もある。新しいやり方をすると方向性に迷いが出てくるが、真似は既存路線に乗り、その先を目指すやり方なので方向性がずれる心配はない。

　上司は、部署内で優れているプレゼンの仕方や企画書の作り方などは**真似ることを推奨**すべき。つまり**高いレベルの共有化**だ。そして、組織のメンバーは恥ずかしがらず、観察眼を持って真似を実践する。

こんなにお得

短期間でできる人の優れた部分を吸収して、自分のものにできる。

観察眼を鍛えることは、ものの本質を見抜き、理解力があがる。

やらない

41

悩むことは楽しきこと

悩みを無理に解消しない

「悩みがなければ、どんなに楽しいことか」と、思うことがすでに悩んでいる。仕事に悩みはつきもの。うまく付き合っていけば、仕事が楽しくなる。

「悩んでる場合か！」と部下に声を荒げる上司。でも、部下以上に悩んでいるのは自分ではないだろうか。

悩みはなかなか解消されず、新しい悩みごとも生まれて、厄介な存在だ。ともすると、仕事をしている時間よりも、悩んでいる時間のほうが長いことが起こる。では、この悩みをどうすれば解消できるのか。それは、仏教の開祖、釈迦が教えてくれる「**悩むことにおいては悩まない**」ということ。「どうして悩んでいるのだろう」などと悩んでいることを、悩んだりしない。つまり、悩みがあるからといって難しく悩まない。もし悩むなら、ムリに悩みを解消しようとせずに、受け入れて楽しく付き合えばいいのだ。
人は、多くの人とかかわりながら生きているので、自分の思い通りになることは少ない。だからストレスや悩みを抱えることになる。しかし、悩みを解消させようと思っても手段などないのが現実だ。だとしたら、解消しようとがんばらず、しかたがないと**受け入れてしまうほうがラク**。受け入れるとは、自分の一部と思うこと。鼻が大きい、目が小さいのと一緒で、それも自分なんだと悟ることだ。悩みごとを受け入れることで、冷静に取り組もうとする落ち着きと解決への意欲を感じるはずだ。
ひとつの悩みを受け入れると、また新しい悩みが出てくる。同じように自分の中に取り込んで受け入れる。そうすれば、いつの間に、実はたいしたことのなかった悩みは淘汰されて、顔を出さなくなる。「**毒をもって毒を制す**」だ。顔を出さなくなれば、解消したのと同じこと。

こんなにお得

悩みを解決しようとして、もがき苦しむことから開放される。

悩むことで使うムダな時間がなくなり、仕事に専念できる。

やらない

42

唯我独尊を捨てる

自分を評価しない

自己評価はどうしても自分を一段か二段高いところにおいてしまう。すると、周りの評価とギャップが生じて、ギクシャクする。評価は自分でしない。

「自分にしかできない」とか、「部署を支えているのは自分だ」などと思っているなら、今すぐその高くなった鼻を自分でへし折るべきだ。自分で自分を評価しないこと。「自分にしかできない」は「自分がやってあげる」に変化し、「部署や会社を支えている」という慢心になる。早く自分で鼻を折らないと、人から否定されたときに辛くなる。自分で折れば痛みも少なく謙虚に映るが、他人にされるとこのうえなく痛い。

自分を評価すると、成果としての数字や実績以外に、苦心や努力という過程のことまで考えてしまう。苦心や努力など当たり前のことなのに、自分がかわいいから甘くなる。しかし、上司や取引先など他人からの評価には、苦心や努力は含まれない。それが、自分では気づきにくい、客観的な評価なのだ。

人の評価に耳を傾けず、「唯我独尊」のままでいると、次第に上司や部下、取引先と自分との間にギャップが生まれて、仕事や人間関係にも齟齬《そご》が起きる。周りからの自分に対する評価が下がっているのに、自分だけが気づかないのでは会社員としては致命的。

唯我独尊を捨てて、人から正しい評価を得るためには、それらを受け入れる気持ちと態度を表すべきだ。仕事で助けてもらったときこそ、上司や部下に**「おかげさまで」「ありがとう」と声に出す**。感謝を口にすれば相手からねぎらいの言葉が返ってくる。

これらを繰り返すと、相手の様子が見えてきて、助言や助力も得られやすくなり、客観的な評価も見えてくる。自分を見ているのは他人。これを知るべきだ。

こんなにお得

部署内で協調性を保ちながら大きな仕事にチャレンジできる。

感謝の気持ちを口にすることで、慢心が捨てられる。

やらない
43

自分の性格を変える努力はしない

まわり道が結果を生む

長年付き合ってきた自分を変えようと努力しても、変えられないことは自分が一番よく知っているはず。自分を変えるには行動ややり方を変えること。

自分の性格を変えることは難しい。自分自身が一番よくわかっている。でもこのままではいけない。やるべきことは、**行動や方法を変えてみる**ことだ。

まず、いままでやっていないことで、新たにやれることを見つけ出す。たとえば、朝、部署内に着いたら、皆にひと声「おはよう」と声をかけていたのを、部下の顔を見ながら名前を呼んで「おはよう」と一人ずつ声をかける。少し手間に感じても、心に決してやってみることだ。すると、一人ひとりの部下の反応がわかって、いつもとは違った新たな発見があるはずだ。おざなりな朝のあいさつが、自分の行動を変えることで、心のこもったものになる。自分のあいさつがおざなりだから、部下たちもおざなりだったのだ。自分のあいさつに心がこもれば、部下のあいさつにも心がこめられる。当然、気持ちよくデスクに座ることができて、仕事への意欲もわいてくる。

仕事への意欲は、上司として果たす使命への意欲にもつながる。つまり、部下を思う気持ちを含んだ意欲だ。自分から部下に声をかけることで、部下が自分に声をかけやすい環境が生まれてくる。相談や報告もしやすくなり、おのずと部署も活性化していくだろう。少しの行動が、自分や周りを変えるキッカケになるのだ。

心が変われば行動が変わる。行動が変わると習慣が変わる。習慣が変われば人生が変わる。人生が変わるということは、自分が変われたことになる。

部下を変えたいときにも、ちょっとした気持ちでできるような行動をとらせてみる。「変えてやろう」などと肩ヒジを張らないことがコツだ。

こんなにお得

ムダな努力と出ない成果に悩むことがなくなる。

行動力が身につき、そこから自分を変えるキッカケがつかめる。

やらない

44

ボツ企画をゴミ箱に捨てない

上司の役目は拾う神

戦力となる部下を育てるには、企画力もつけさせたい。部下に企画を立てさせて、できが悪ければ捨てているようでは上司の役目を果たしていない。

企画力はビジネスマンの根幹にかかわる大切なスキルだ。売上を伸ばす。新規顧客を獲得する。トラブルを克服する。これらの方針ややり方を考えるにもおしなべて企画力が必要になる。部下の一人ひとりに企画力をつけさせるのは、上司の使命といえる。

企画は必要に迫られてから募集して提出させるものではない。日常業務と同じで、常に考え、掘り下げておくべきものだ。そうしないと、企画開発をつかさどる脳が刺激されずに固まってしまい、発想が貧困になる。

定期的に企画会議を開き、企画を持ち寄り、検討し合うことが必要だ。だが、このときに絶対にしてはならないことが、内容不十分でボツにした企画を、これで終わりとばかりにゴミ箱に捨てて、見捨てることだ。

どんな企画にもいい点、悪い点がある。成立するか否かを判断するだけでは部下の実力も意欲も向上しない。企画書のいい点をすくい上げ、どこに手を加えると悪い点が見直されるのか、といった指導によって、部下の実力は大きく変わってくる。その**指導のコツが工夫の4原則、「結合」「省略」「発展」「変形」**だ。

ボツ企画でも、そこに盛り込んだリサーチ情報や予算、人脈を他とつなげることで、新たな企画ができるはずだ。余分なところを省く。更に深く掘り下げて発展させる。視点を変えてみる。

これらの工夫をしてみれば、ゴミ箱行きの企画などないはずだ。

こんなにお得

常に企画を意識することで、部署が活性化して前向きになる。

企画の実現性が高くなり、一つひとつの企画のできがよくなる。

やらない

45

夜の自分は違う自分

人生や仕事の重要事項を夜に検討しない

重要事項を早く解決させたくて、無理して部下を夜に集めて、決断を下そうとするのはやめたほうがいい。夜の自分は昼の自分と違うのだから。

夜は遊ぶ時間だ。1日の疲れをいやし、明日への活力を養うために夜がある。酒を飲み、友人と語り、映画館やジムに行く。会社の肩書きを背負ったビジネスマンが、一個人に戻る時間だ。仕事のための時間ではない。ましてや、わざわざ会議を設けて、仕事の重要事項を検討するのは、やめるべきだ。必ずミスジャッジが起こる。

人間の脳の働きは午前中にピークがくるというのは、脳科学では常識だ。ビジネスマンでも、午前中や昼間に重要な仕事をやってしまう人が多くなっている。

働き続ければ脳も疲れる。勤務時間が終わる夕方ごろには体も脳も疲れて、判断力も鈍くなっている。昼間なら普通にできることでも、夜になってやろうとすると、やる気自体がわかないこともある。**夜の自分は、昼間のできるビジネスマンでは決してない**のだ。だから、どんなに夜に考え悩んでも、いい方策など出てこない。重要事項を考えるだけ時間のムダといえる。夜はリフレッシュを心がけて、脳の疲れを取り除く時間だ。

人には「利き腕」のように、「利き脳」がある。右脳は直感的で、左脳は理論的といわれる。仕事をするときにも右脳と左脳のどちらかを使っているはずだ。夜には仕事で使っていない脳を刺激して、**脳全体をリフレッシュさせる**といい。右脳の活性化には芸術鑑賞、左脳の活性化には文学小説といったように仕事から離れた遊びや趣味を取り入れることだ。

夜は潜在能力（脳力）の開発に役立てて、重要事項は外が明るいうちに決める。

夜に思い悩んだり、ミスジャッジをすることがなくなる。

夜を楽しみ、明日への活力を生み出すことができる。

やらない

46

ムダの宝庫

テレビを集中して見ない

テレビは娯楽として一時代を築き、ニュースなどはビジネスマンの強い味方であったが、今では少々趣きが違ってきた。テレビ不要論だ。

テレビは必要だ。世の中からテレビがなくなることはない。しかし、「ビジネスマンにとって」という視点で見ると、テレビにはデメリットが多い。

その不要な理由は2つ。

1 使える情報がない

テレビを見る目的は、情報収集、娯楽、教養などで、ジャンルでいうならニュース、バラエティ、ドキュメンタリーといったところ。ニュースを見ても必要な情報はわずかで、直接役に立つ情報はほとんどない。ビジネスマンとしての自分を高めるには、テレビを見る必要はない。

2 視聴時間を短縮できない

新聞は、見出しを読めば全紙面を15分で読むことができる。しかし、テレビは時間を短縮する術がない。そのうえ、1時間のニュース番組を見ても、有意義かどうかは見終わらないとわからない。1時間見た結果、ムダになることがよくある。

こうなるとビジネスマンにとってテレビを見るのはムダが多いことになる。**テレビを見るなら、「ながら視聴」**がちょうどいい。テレビだけを集中して見るとムダが多くなるが、新聞や雑誌、書籍、パソコンをしながらならムダが少なくなる。身の回りの片付けやストレッチなどと一緒に「ながら視聴」をすれば、ムダも少なくなる。

自分にプラスになることをしながらなら、テレビを見る時間も生きてくる。

こんなにお得

- **時間がムダだったと、あとで後悔しなくてすむ。**
- **時間の有効活用で自己啓発をして、自分を成長させられる。**

PART 5
自己実現のためのやらない法則

まとめ

自分を大事にする

「ビジネスマンは仕事が命」などと思うから仕事がうまくいかない。自分を大事にすることが仕事の成功にも結びつく。

がむしゃらに仕事をしたり、「自分はできる」と過剰な自己評価をして無理にがんばっても、心や体の疲労に見合うような成果など出るはずがない。「骨折り損のくたびれもうけ」だ。

自分を大事にできない人が、仕事を大事にすることはできない。自分を高めることができない人が、仕事の成果など上げられない。仕事が忙しくて自分のことができないというのは言い訳。自分を甘やかさずに自分のやり方を見直し、**自分自身と向き合う時間**を作ることが仕事での成功を生む。そうすれば、評価は自然についてくる。

終章

一見ムダでもやったほうがいいこともある

緊急ではないが重要なこと

さて、ここまで個人と組織の生産性を上げるうえで「やらないほうがいいこと」を中心に見てきた。序章では「でしか法」「マズローの法則」「KJマトリックス法」によって、優先順位・劣後順位の判断の基準を持つことを勧め、PART1以降は慣例や惰性などによって、無条件に深く考えることもなく、やり続けていることの中に隠れている「やらないほうがいいこと」をいろいろと紹介してきた。

一方、その逆の**「一見ムダに見えて、実はやったほうがいいこと」**もある。

ふだんの仕事や生活の中で、いつも優先的に取り組まれるのは「KJマトリックス法」でいう「緊急かつ重要」なことがらになる。次いで「（重要ではないが）緊急」なことがらだ。

「緊急ではないが重要」なことは後回しにされがちになる。次から次へと新たな業務が発生し、新たな問題に取り組まなければならない現場では、悪くすると後回しどころかやらずに終わってしまうこともあるだろう。

とはいえ、「重要である」と認識できていることがらはまだいいほうだ。そもそも重要だと思っていないもの、ムダ・非効率だと思っているものの中にも、実は重要なものが隠されているのだ。

本書の終章として、このような「一見ムダに見えるが、重要なこと」の中から、上司として、自身や部下のために重要なことを中心に紹介していこう。それらの例から、今までとは視点を変えて「重要／ムダ」のより分けを、ほかのことがらについても行っていただきたい。

KJマトリックス法

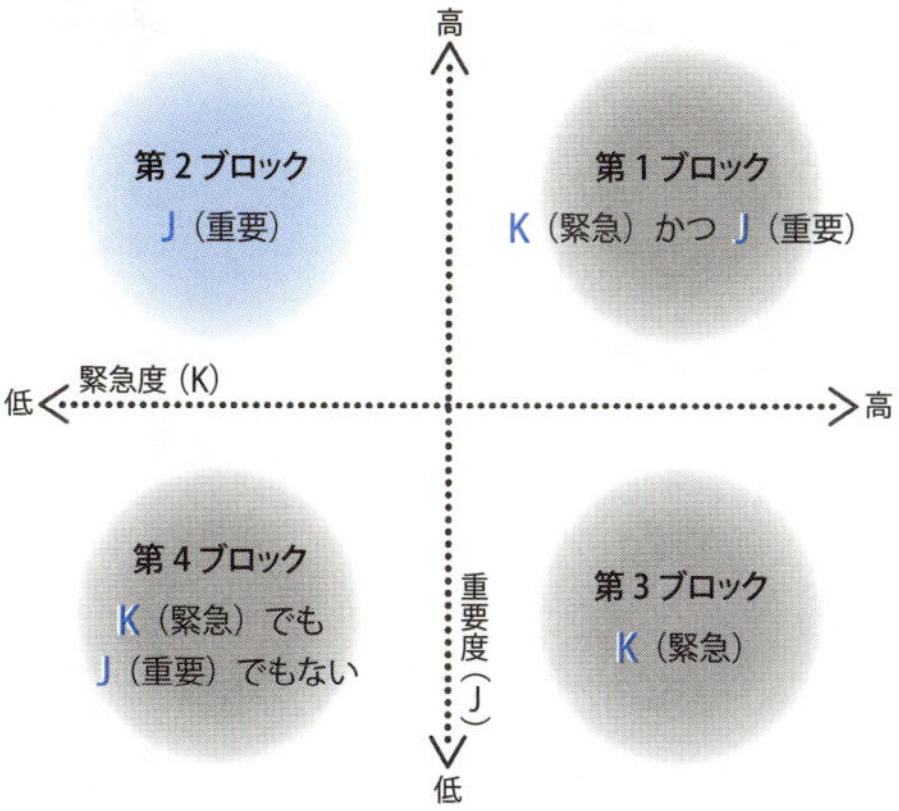

1 将来へ向けた能力向上

緊急性のない将来の課題を設定して実践するのは容易なことではない。その日の仕事に追われたり、「今日ぐらいは」と自分を甘やかしてしまう。三日坊主で終わらないためには、ムリなことを目標にせず、確実にできることからはじめる。

また、部下や同僚と一緒にできることも長続きさせるには効果的だ。

①「通勤・外出時の寄り道」

通勤時のルートがいつも同じでは代わり映えのしない風景のなか、自分の頭の中も変わっていかない。徒歩・電車などで通るルートを変えてみる。新しい業態の店、学生が多い車両で聞こえてくる彼らのおしゃべりなど、さまざまな発見がある。取引先へうかがう行き帰りも同じだ。自社製品が置いてある店に立ち寄ってみる。自社や自宅の近くの店とは客層が違っていたり、そのお客様が自社製品をどう見ているのかといった発見がある。それが視点を変え、新たな発想を生む。

②「シャドーキャビネットを作る」

会社や部署の将来を見据えて、解決すべき問題を検討する「シャドーキャビネット（影の内閣）」を部署内に作る。つまり、正式な経営陣と同じように、部署内で経営戦略のシミュレーションなどを行う。テーマごとに部門長を据え、自分が社長の立場になって計画を立てて、実行する。全員が経営の視点を持つようになり、部署が活性化する。

③「他部署で仕事をする」

同じ会社でありながら、他部署の仕事はほとんど理解していないもの。自分の見識と仕事の幅を広げるために、他部署に1日転勤して仕事を実体験してみる。

自分の会社の構造がより具体的にわかる。自分の部署とのかかわりや、会社における仕事の位置付けを理解すると、今後の体制構築や仕事の手順を改善するヒントが見つかる。

2 部下のモチベーションアップ

上司として、将来に向けて組織力を強くし、業績の向上を図るのは当然のこと。しかし、すぐにできることではない。まずは、部員のモチベーションを高めることが効果的。直接的な業務指導ではなく、部下への感謝や慰労を形にして、部署への意識を強くする。

①「表彰式でねぎらう」

部下のモチベーションを高めるために、折に触れ言葉でほめたり、昇進・給与アップにつながる人事査定の評価を高めるといったことは行っているだろう。しかし、ほめたり、評価したりというのも通例になってくると、部下もそれに慣れ、新たな刺激を受けなくなるもの。手を変え品を変え、行っていかないと新たなモチベーションアップにはならない。

そこで、半期や四半期に一度、部員全員参加の表彰式を行う。表彰基準は直接的な業務評価ではない。皆がそれぞれ社員に対して、日頃のがんばりや見習いたいことを取り上げて、それを皆で表彰し合う。仲間意識が醸成され、意欲に結びつく。

②「文書のひな型を作る」

上司の役目は、部下の事務処理の時間を軽減して、成果を上げるための時間を増やすこと。そのために、上司は部内文書のひな型を作り、社員全員に配布して、部下の書類作成の時間の短縮を図る。書類管理・整理方法の統一化にもつながる。

③「本に付箋とアンダーラインをつけて回覧する」

上司が読んで非常に役に立ったり、重要だと感じた本の内容や、ビジネス上の思考法や実践法を部下にも読ませれば、部内の共通認識が生まれる。しかし本一冊をそのまま渡されるのは、時と場合によっては部下には迷惑な話かもしれない。重要なことが書いてあるページだけに付箋を貼っておき、重要箇所にアンダーラインを引いてから部下に回覧すれば、読む負担が減り、全員に回覧される時間も短くなる。部下はアンダーラインから上司の考え方を知ることもできる。

3 部署内コミュニケーション力《りょく》アップ

部署を運営する上で、もっとも大切なことがコミュニケーションだ。一匹狼的に仕事をする部員は、精鋭のように思われるが、実は部署を崩壊させてしまう危険をはらんでいる。トラブルが起きたときに、助ける手立てがないからだ。コミュニケーションをよくして、情報を共有することが部署を強くする。

①「手書きの手紙を送る」

言葉の伝達は電子メールが中心になった。感謝の気持ちやお詫びでさえ電子メールを使っている。情報の共有化や時短にはうってつけだが、手軽さは気持ちをも軽く見せてしまう。部下への感謝の気持ちや激励は、あえて非効率な手書きの手紙にしてみる。他の社員に託して、皆の前で手渡ししてもらう。気持ちが伝わると同時に、もらった本人は周りにも感謝の気持ちを持つ。

②「部下と遊ぶ」

お酒をともなうコミュニケーションを心がけている上司は多い。しかし、お酒を基準に部下を誘うと、メンバーが固定化されたり、仕事の愚痴を聞いたり、逆に説教じみた話になったりして、モチベーションアップにはつながらない。お酒のない遊びをともにする。

有料の外部会議室を借りて、全員でカードゲームをする。カードゲームを勧めるのは、部下の性格が出て、人心掌握にも有効だからだ。スポーツやキャンプといったアウトドアもいい。

③「部員全員参加のランチイベント」

ランチに全員でお弁当を持ち寄り、一緒に食べる。月の定例にしてもいいし、ひな祭り、クリスマス、誕生日などのイベントにしてもいい。全員がリラックスして集まれる場としてうってつけだ。夜の飲み会は不参加という人でも、ランチであれば参加できるだろう。気軽にコミュニケーションをとり、午後の仕事にも前向きに取り組める。

おわりに

意識を変えればすべてが変わる

たくさんの仕事や困りごとを抱えているのに、やらずに捨ててしまうのは気が引ける。そう思う気持ちもわかる。しかし、やろうとした結果、全部が中途半端で、負け組になってしまう。これではやる気がまったく生きていない。ならば、やる気を「やらない」意識に変えてしまうことだ。「やらない」と意識を変えれば、行動が変わる。行動が変わると、毎日の習慣が変わる。習慣が変われば、結果が変わる。つまり、やらないことが勝ち組入りの秘訣ということだ。

「やらない」勇気はまず上司が率先して示す。まず、部下とかかわる会議や職場環境で、常識的に行っていることからやめる。すると、部下は「やらない」ことの意味を理解する。理解したとき、部下は変わり、自分がやっていることのムダを見つけ出し、やらなくなる。そうすれば、部署が劇的に変化する。変化の第1は、仕事に集中することだ。

やるべきことと、やる順番が明確に見えるので、自分でスケジュールを立て、集中して仕事に取り組むようになる。集中は仕事の効率と精度を上げ、時短にもつながる。心と時間に余裕ができた部員はお互いを見るようになり、コミュニケーションが強化され、生き生きとした部署に生まれ変わる。

本書は、読めばビジネスのためになる本ではない。やる気のある人へのきっかけ作りに過ぎない。やる気を活かして成果に結びつけるのは自分自身。まずは、自分を信じて意識を変えてみることだ。

参考文献

『儲かる「仕組み」作りは…「やらないこと」から決めなさい！』小山 昇／ＰＨＰ研究所
『使える！得する！差をつける！ 仕事の裏ワザ３００』戸田 覚／青春出版社
『忙しい仕事がウソみたいに楽になるうまい方法』スタンリー・ビング／ＰＨＰ研究所
『仕事が10倍できる人の「手抜き」術』松本 幸夫／イースト・プレス
『あなたをダメにする時間管理術の落とし穴』澤田 多津也／インデックス社
『サボる技術』松本 幸夫／東洋経済新報社
『「お先に失礼！」する技術』柴田 英寿／ＷＡＶＥ出版
『やめる力』マツダ ミヒロ／中経出版
『なまけもののあなたがうまくいく57の法則』本田 直之／大和書房
『面倒くさがりやのあなたがうまくいく55の法則』本田 直之／大和書房
『ムダな仕事はもう、やめよう！』吉越 浩一郎／かんき出版
『ストレスゼロの仕事術 人間関係・組織・成果…考え方ですべてが変わる！』木村 英一／阪急コミュニケーションズ
『20の非常識があなたのビジネスを飛躍させる 逆説の仕事術』鳥内 浩一／マガジンハウス
『考えすぎて動けない人のための「すぐやる！」技術』久米 信行／日本実業出版社
『すぐやる！すぐやめる！技術』平本 あきお／こう書房
『年収崩壊時代を勝ち抜く方法 やめる！』森永 卓郎／アスペクト
『効率が10倍アップする新・知的生産術 ―自分をグーグル化する方法―』勝間 和代／ダイヤモンド社

スタッフ

プロデューサー：松尾 里央（ナイスク）
編集協力：原田 俊弥、岸 正章（ナイスク）、牧野 幸子シリア（ナイスク）
本文デザイン＆ DTP：小中 功
イラスト制作：有限会社 Imagination Creative
イラストレーター：ＳＡＴＯ－ＣＨＩ

〈編著者〉
ナイスク企業支援事業部

「組織のキーメッセージを、誠実に、かつ最小限のコンフリクト（葛藤）で相手に伝えること＝戦略的コミュニケーション・デザイン」を武器に組織と個人を伸ばす、研修・販促ツール制作・組織診断の総合プロデュース企業。
企業の「顧客満足」「従業員満足」「社会貢献」を高めるための、オーダーメイドの研修プログラムに定評がある。また、企業の魅力を十分に伝えるための会社案内、テレビCM、ダイレクトメールなどの販促ツール、社内が活性化する社内報も制作。実績にはキタムラグループ、栄光ゼミナールなど。
経営戦略の顧問（敬称略）に、原田俊弥（元 株式会社WOWOW メディア事業部長）、遠藤重夫（元 株式会社 山と溪谷社 取締役）、加藤鐐次（元 株式会社 宣伝会議 出版部長）。コミュニケーション技術の顧問に丹伊田弓子（川口短期大学こども学科教授）。現場力養成の顧問に真嶋和隆（プロカメラマン）を迎え、さらに活躍の場を広げている。著書に『パワポの活用 超劇的プレゼン術』『保存版 仕事のさばき方』（以上日東書院）『ビジ単』（双葉社）など。

〒160-0004　東京都新宿区四谷4-32-4-5F
ＴＥＬ　03-3352-5529　　ＦＡＸ　03-3350-8589
http://naisg.net/

ビジマル
伸《の》びる組織《そしき》のための!　あえて、やらない成功《せいこう》の法則《ほうそく》

2010年3月15日　初　版　第１刷発行

編　著　者　ナイスク企業支援事業部
発　行　者　斎　藤　博　明
発　行　所　ＴＡＣ株式会社　出版事業部
（ＴＡＣ出版）
〒101-8383 東京都千代田区三崎町3-2-18
西村ビル
電話 03（5276）9492（営業）
FAX 03（5276）9674
http://www.tac-school.co.jp
印　　刷　株式会社　光　邦
製　　本　東京美術紙工協業組合

ISBN 978-4-8132-3584-2

落丁・乱丁本はお取り替えいたします。

本書は、「著作権法」によって、著作権等の権利が保護されている著作物です。本書の全部または一部につき、無断で転載、複写されると、著作権等の権利侵害となります。上記のような使い方をされる場合には、あらかじめ小社宛許諾を求めてください。

視覚障害その他の理由で活字のままでこの本を利用できない人のために、営利を目的とする場合を除き「録音図書」「点字図書」「拡大写本」等の製作をすることを認めます。その際は著作権者、または、出版社までご連絡ください。

ビジマルは組み合わせで効果倍増!

自分に必要な知識を、1冊ずつ選んで手軽に手に入れられるのが魅力の『ビジマル・シリーズ』ですが、実はビジマル同士を組み合わせることで、さらに効果が倍増します。

オススメの組み合わせ

➲「伸びる組織のための! あえて、やらない 成功の法則」に…

＋ 

「悩んでないで! すぐやる力トレーニング」

➡最重要課題に素早く集中して取り組む組織作りに!

＋ 

「できる組織を作る! 行動科学マネジメント 成功の法則」

➡組織変革に必要な自発的行動と持続力を呼び起こす!

➲「できる組織を作る! 行動科学マネジメント 成功の法則」に…

＋ 

「ヒトを動かす! 課長力トレーニング」

➡部下への指導テクニック強化で組織の変革を実現!

＋ 

「一枚うわての! 心理誘導力トレーニング」

➡ビジネスを科学的に攻略し成功のシステムを構築!

ビジマルにはさまざまな組み合わせで、大きな効果を生み出す要素があります。あなたの“今”に効く組み合わせを見つけて、ビジネスに役立ててください!

ビジマル・シリーズは全国の書店で大好評発売中!

お近くの書店に在庫がない場合には、お気軽に下記までお問い合わせください!

TAC出版 (TAC株式会社 出版事業部)

〒101-8383 東京都千代田区三崎町3-2-18

Tel 03-5276-9492(平日9:30～17:30)　Fax 03-5276-9674(24時間受付)

TACサイバーブックストア　http://bookstore.tac-school.co.jp/

※表示価格は税込価格です。価格は変更になる場合がございます。

TAC出版の書籍について

書籍のご購入は

1 全国の書店・大学生協で

2 TAC・Wセミナー各校 書籍コーナーで

3 インターネットで

TAC 出版書籍販売サイト
Cyber Book Store
http://bookstore.tac-school.co.jp/

4 お電話で

TAC出版 注文専用ダイヤル
0120-67-9625
携帯・PHS OK
※携帯・PHSからもご利用になれます。

刊行予定、新刊情報などのご案内は

TAC出版
03-5276-9492 [土・日・祝を除く 9:30〜17:30]

ご意見・ご感想・お問合わせは

1 郵送で　〒101-8383 東京都千代田区三崎町3-2-18
TAC株式会社 出版事業部 宛

2 FAXで 03-5276-9674

3 インターネットで

Cyber Book Store
http://bookstore.tac-school.co.jp/
トップページ内「お問合わせ」よりご送信ください。

(平成21年10月現在)